本书受到福建省社会科学基金"高铁服务供给对城市经济高质量发展的影响及作用机制研究"（项目编号：FJ2021BF004）和福建省教育厅面上项目"开通高铁对县域碳减排的影响及政策研究"（项目编号：JAS21114）的资助。

高速铁路与中国制造业的 空间重构

理论机制与实证检验

朱文涛◎著

中国财经出版传媒集团

经济科学出版社

Economic Science Press

图书在版编目（CIP）数据

高速铁路与中国制造业的空间重构：理论机制与实
证检验／朱文涛著．—北京：经济科学出版社，
2021.12
ISBN 978 – 7 – 5218 – 3314 – 0

Ⅰ.①高… Ⅱ.①朱… Ⅲ.①高速铁路 – 关系 – 制造
工业 – 工业发展 – 研究 – 中国 Ⅳ.①U238 ②F426.4

中国版本图书馆 CIP 数据核字（2021）第 251316 号

责任编辑：张　蕾
责任校对：易　超
责任印制：王世伟

高速铁路与中国制造业的空间重构：理论机制与实证检验
朱文涛　著
经济科学出版社出版、发行　新华书店经销
社址：北京市海淀区阜成路甲 28 号　邮编：100142
编辑工作室电话：010 – 88191375　发行部电话：010 – 88191522
网址：www. esp. com. cn
电子邮箱：esp@ esp. com. cn
天猫网店：经济科学出版社旗舰店
网址：http://jjkxcbs. tmall. com
北京季蜂印刷有限公司印装
710×1000　16 开　10 印张　200000 字
2021 年 12 月第 1 版　2021 年 12 月第 1 次印刷
ISBN 978 – 7 – 5218 – 3314 – 0　定价：79.00 元
（图书出现印装问题，本社负责调换。电话：010 – 88191510）
（版权所有　侵权必究　打击盗版　举报热线：010 – 88191661
QQ：2242791300　营销中心电话：010 – 88191537
电子邮箱：dbts@ esp. com. cn）

前　言

区域协调发展是经济高质量发展的重要内容，而实现区域协调发展，首先要实现区域间制造业的协调发展。改革开放以来，中国制造业在空间分布上呈现明显的区域失衡特征，制造业高度集聚于发达地区，而欠发达地区则不断面临着制造业流失的困境。大规模高铁基础设施建设，正改变着中国跨区域间、跨城市间的交通条件。高铁发展带来的交通条件的极大改善，能否重塑中国制造业的地理格局，是一个亟待解决的重要课题。本书基于制造业集聚视角，从效应检验和机制分析两个层面，探讨了高铁与制造业空间重构之间的关系。

先是运用 EG 指数法刻画了高铁出现前后中国制造业产业集聚及地理格局演变的特征事实，进而通过数理模型和概念模型建立起高铁影响制造业空间集聚的理论分析框架。在此基础上，分别从省域制造业行业集聚和城市制造业集聚双重视角，运用面板数据模型并结合工具变量法实证分析了高铁对制造业空间集聚影响，并通过中介效应检验方法，验证了高铁影响制造业空间集聚的机制。本书还基于可达性视角，运用空间杜宾模型考察了高铁的空间溢出效应。特征事实的研究发现，高铁出现前后中国制造业产业集聚呈现由集聚强化到集聚弱化转变，无论是二位数、三位数还是四位数制造业行业测算的 EG 指数，均显示高铁出现后中国制造业集聚程度呈现逐年下降趋势。通过可视化分析中国制造业集聚地理格局发现，高铁出现后中心城市制造业份额出现了更大幅度的下降，而外围城市制造业份额则出现了较大幅度的上升。进一步通过对比开通高铁和未开通高铁的外围城市制造业就业密度随时间变化的趋势，发现相比于未开通高铁的外围城市，开通高铁的外围城市制造业就业密度有更为明显的提高；通过省域行业集聚维度和城市集聚维度的量化研究发现，高铁发展促成了中国制造业产业集聚程度的下降，高铁通过抑制制造业在沿线中心城市集聚，促进制造业在沿线外围城市集聚，进而在整体上削弱了中国制造业的产业集聚水平，缩小了沿线外围城市和中心城市的制造业发展差距；基于可达性视角，对高铁的空间溢出效应进行考察发现，高铁发展带来的城市可达性改善不仅能够对外围城市本地制造业集聚产生显著的直接影响，还会通过空间溢出效应，对与其邻近的城市制造业集聚产生显著的正向空间溢出效应。

本书从工资和地价等要素价格和城市制度环境两个方面，分析和验证了高铁影响制造业集聚的宏微观机制。研究发现地价和工资是影响制造业空间集聚的重要机制，高铁开通推高了中心城市的制造业工资和地价，使中心城市的"拥堵效应"更为明显，进而抑制了制造业在中心城市集聚。高铁通过影响制造业工资进而影响外围城市制造业集聚的机制并不显著，但在外围城市地价普遍较低的现实背景下，高铁推动的地价上涨反而有助于促进制造业在沿线外围城市集聚，只有当地价水平比较高，且越过临界值后，高铁促进的地价水平进一步上升才会对外围城市的制造业集聚产生显著的抑制作用。在高铁沿线中心城市"拥堵效应"和沿线外围城市"要素价格优势"双重作用下，高铁发展有助于促使制造业向沿线外围城市集聚；高铁不仅会通过制造业工资和地价等要素价格机制影响制造业的空间集聚，也会通过改善外围城市的制度环境进而促使制造业在沿线外围城市集聚。最后本书在研究结论基础上，提出了未来值得研究的方向。

目 录
Contents

| 第 1 章 |
绪　　论

1.1　问题的提出及研究意义

改革开放以来，中国制造业分布呈现较为明显的空间失衡特征。东部沿海省份凭借其优越的地理条件和东部率先发展的国家战略支持，成为中国制造业的主要集聚地①，2003 年东部沿海省份规模以上制造业就业人数占全国的比重为 67.65%，企业数更是占到全国的 72.55%，但从 2003 ~ 2013 年中国制造业省份分布来看，则先后出现了加速集聚和集聚弱化两个截然不同的集聚阶段，其中，2003 ~ 2008 年东部沿海省份制造业就业人数和企业数两项指标占全国比重分别由 2003 年的 67.65% 和 72.55%，逐年上升至 2008 年的 74.15% 和 75.74%，而在 2008 年后这两项指标则逐步下降至 2013 年的 69.40% 和 68.10%。从城市分布来看，2003 年全国 36 个中心城市规模以上制造业企业数占到全国的 35.14%，就业人数占全国比重为 35.20%，销售产值更是占到全国的 44.02%，但从 2003 ~ 2013 年中心城市和非中心城市制造业就业数、企业数和销售产值动态对比来看，则出现了中心城市占比逐年下降和非中心城市占比逐年上升的演变态势，特别是 2008 年后以上三项指标出现了更为明显的降幅，到 2013 年中心城市规模以上制造业就业人数、企业数和销售产值占比已分别降至 29.50%、32.97% 和 27.24%②。无论是从省级层面将东部沿海省份与内陆省份进行动态比较，还是从城市层面对比中心城市和非中心城市制造业占比变化，均不难发现 2008 年后中国制造业空间分布出

---

① 本书按 31 个省份所处地理位置，将其划分沿海省份和内陆省份，其中沿海省份由北向南分别为辽宁、河北、北京、天津、山东、江苏、浙江、福建、广东、广西、海南等 11 个省份，其余省份为内陆省份。

② 数据来源于 2003 ~ 2013 年中国工业企业数据库微观企业数据。

现了明显的结构优化。产业的空间转移提高了内陆省份和非中心城市的制造业占比，一定程度上缩小了制造业发展的地区差距。虽然制造业仍然主要分布于东部沿海省份和中心城市等发达地区，但均出现了集聚弱化的现象，而内陆省份和非中心城市则出现了制造业占比上升，集聚强化的态势。到底何种力量推动了制造业的这种空间结构重塑呢？值得注意的是，自 2007 年 4 月 18 日，时速 200 公里的"和谐号"动车组列车（D460）从上海驶向苏州，拉开中国高铁通车的序幕以来，中国正进入高铁建设的黄金时期，仅 2008 ～ 2014 年就有超过 40 条高铁客运专线实现通车运营[①]。截至 2016 年底，中国高速铁路运营里程已达到 2.2 万公里，占到全球高铁运营总里程的 65%。日益完善的高铁网络极大改善了中国跨省区、跨市区的交通条件，旅行时间极大节约带来的时空压缩效应，正深刻改变着中国城市的竞争格局。那么 2008 年以来大规模高速铁路通车运营为标志的铁路大提速是否是推动中国制造业空间重塑的重要动力呢？如果是，影响机制是什么？这是值得深入探究的重要课题。

事实上，关于制造业地理集聚与集中，经济学界已给出了多种不同的解释，现有的研究文献多从新古典贸易模型、新贸易模型和新经济地理学中寻找制造业地理集中与集聚的理论根源。新古典贸易模型在规模报酬不变、同质产品和完全竞争市场的假定条件下，认为产业区位是由劳动力、自然资源和技术等资源禀赋决定，而各区域由于资源禀赋差异，形成了不同的产业空间结构；新贸易模型则在规模报酬递增、产品差异化和垄断竞争市场的假定下，将产业地理集中归结为规模经济和市场规模效应，认为经济活动之所以集中在少数区域是为了实现内部规模经济，企业集中于市场通达性较好的区域，以节约贸易成本；新经济地理学则强调交通成本与规模经济相互作用在

---

① 国家铁路局资料显示 2008 ～ 2013 年底，先后有 42 条高铁客运线路建成通车，分别为：2008 ～ 2009 年开通运营的合宁客运专线、京津城际铁路、胶济客运专线；2009 ～ 2010 年开通运营的石太客运专线、合武快速铁路、甬台温铁路、温福铁路、武广客运专线；2010 ～ 2011 年开通运营的郑西客运专线、福厦铁路、成灌城际铁路、沪宁城际高速铁路、昌九城际铁路、沪昆高铁沪杭段、海南东环铁路；2011 ～ 2012 年开通运营的长吉城际铁路、京沪高铁、广深港高铁广深段；2012 ～ 2013 年开通的汉宜铁路、龙厦铁路、石武高铁郑武段、合蚌客运专线、哈大客运专线；京石客运专线；石武高铁石郑段；达渝铁路二线；广珠城轨；2013 ～ 2014 年开通运营的宁杭客运专线；杭甬客运专线；盘营客运专线；昌福铁路（原向莆铁路）；津秦客运专线；衡柳铁路；西宝客运专线；茂湛快速铁路；武威城际铁路；渝利铁路；深厦铁路；广西沿海城际铁路钦北段；广西沿海城际铁路钦防段；广西沿海城际铁路南钦段；柳南城际铁路。

产业地理集聚过程中的重要性。由此可见，无论是新古典贸易理论、新贸易理论还是新经济地理学均将交通成本所代表的贸易成本视为影响产业空间布局的重要因素，隐含着交通基础设施在影响区际贸易和企业区位选择中的重要作用，而基于以上理论框架的实证研究文献，通常将改善交通条件视为降低地区运输成本的切入点，并由此探讨交通基础设施的产业分布效应（曹佳斌，2019）。产业空间分布及演变过程中交通基础设施的重要作用已被多数研究文献所证实。然而，作为一种新型交通基础设施，高铁对制造业空间分布的影响机制，可能有别于传统的公路设施。以客运为主的功能定位，高铁并不能通过直接影响货物运输成本，进而影响制造业的空间分布，因此，如果高铁重塑了 2008 年后中国制造业的空间格局，那么传统的运输成本效应说可能并不能为其影响制造业空间分布提供合理的理论解释。

产业空间分布是微观企业区位选择的宏观体现，其分布状况直接决定着一国就业和经济增长的空间格局，因此，历来受到重视，研究的重点一般侧重于对产业空间分布特征的描述及对成因的深入探讨。当前，中国正处于经济"调速换挡"的关键时期，在推进经济由高速增长向高质量发展转型过程中，实现区域间产业的协调发展已成为实现这一转型目标的重要一环。本书的主旨是科学评估高铁对制造业空间集聚的影响，并从要素市场价格和制度环境两个较新的视角切入，探讨高铁影响制造业空间集聚的作用机制。

本书的主要工作如下：一是构造合理的产业集聚测度指标，对中国制造业行业集聚程度进行测算，以判断高铁出现前后制造业集聚特征及演变趋势；二是从省域制造业行业集聚和城市制造业集聚双重视角量化分析高铁与制造业空间集聚的内在联系，本书先从省域内行业集聚视角切入，验证高铁服务提供与省域制造业行业集聚的关系，在此基础上，进一步从城市制造业集聚层面，考察高铁对中心城市和外围城市制造业集聚的异质性影响；三是构造高铁影响制造业空间集聚的分析框架和理论模型，从理论上揭示高铁影响制造业空间集聚的机制，并在此基础上进行机制检验。除此之外，本书还运用空间计量方法，从高铁发展带来的可达性改善角度，考察了高铁空间溢出效应对制造业跨行政边界集聚的影响。总的来看，本书采用了由浅入深，环环相扣的研究路径，较为系统地考察了高铁对制造业空间集聚的影响及其隐藏在背后的机理机制。

　　本书的研究具有一定的理论价值。虽然交通基础设施对经济活动的空间分布效应，已被大量研究文献所证实，然而这些文献多数以新古典贸易理论、新贸易理论和新经济地理学为基础，强调交通条件改善引致的贸易成本节约对产业区位的传导效应，但是交通基础设施对制造业区位的影响并不局限于通过贸易成本的节约，还有可能通过改善当地制度环境和促进城市间要素再配置等机制实现。尤其是对于高铁设施这种功能定位以快速客运为主，与公路设施兼顾客运和货运功能存在明显的差别，高铁设施带来的运输成本节约更多地体现为旅行时间的极大压缩，而旅行时间节约与运输费用下降带来的经济后果可能并不相同，其影响产业区位的机制也可能存在较大差异，这使得按照传统的货运成本节约论来解释高铁影响制造业区位的机制显得并不是很合适。目前，有关高铁影响制造业空间分布的研究文献，主要建立在新经济地理学研究框架上，从产品市场或要素市场角度验证和分析高铁影响制造业空间分布的机制，但是由于新经济地理学并没有将制度因素纳入分析框架中，以至于以往的研究多数忽略了高铁可能通过改善城市制度环境进而影响制造业集聚的机制。对于中国这样一个转型经济体国家，制度环境对企业生存和发展显然是重要的，因此，有必要将制度环境因素纳入高铁影响制造业集聚的分析框架中。本书先从影响要素再配置的工资、地价等"要素价格"切入，寻找高铁影响制造业集聚的微观机制，进而从宏观的城市制度环境出发，分析和验证高铁通过制度中介效应影响制造业集聚的机制。本书的研究结合了中国的制度背景，从微观的价格机制和宏观的城市制度环境视角，建立了高铁影响制造业集聚的理论模型和分析框架，有助于深入理解高铁发展与制造业空间集聚演变之间的逻辑联系，为制造业集聚及其演变提供新的理论依据。更为重要的是，以中国这一转型经济体为实例的分析框架，也是对传统的新古典贸易理论、新贸易理论以及新经济地理学的丰富和补充，拓展了产业区位的理论研究。

　　本书研究也具有重要的现实意义。改革开放以来，中国经济建设取得巨大成就的同时，也面临着一系列亟须解决的深层次矛盾，其中之一就是区域发展的协调性问题，而区域发展的协调性问题又突出体现为制造业分布的空间失衡问题。发达地区和中心城市集聚着大量的制造业企业，占据着中国制造业的"半壁江山"，而一些欠发达地区和非中心城市则普遍面临着制造业份额偏低，集聚效应和规模效应无法充分实现的发展困境。要推动中国经济由高速增长向高质量发展转型，实现经济发展的动能转换，必须更为关注制造业的区域协调发展问题。2008 年以来，中国制造业空间分布呈现新的演变态势，虽然中心城市和沿海发达省份仍然是中国制造业的主要集聚地，但可喜的是非中心城市和内陆省份地区制造业就业份额呈现了逐年上升的新趋势，区域间制造业发展失衡趋势得到一定程度的扭转，到底什么因素促成了制造业的空间重塑，以往的研究文献并未对该问题进行过系统的剖析和计量论证。另外，2008 年以来，中国进入了高铁大规模通车的新时期，高铁开通拉近了城市间的时空距离，改变了城市竞争的空间格局，高铁大规模建成通车是否构成制造业空间重塑的重要动力？本书不仅通过量化分析方法，分析和验证了高铁与制造业空间集聚演变之间的逻辑关系，并在构建理论模型基础上，分析和验证了高铁影响制造业空间集聚的机制，能够为制造业空间集聚提供新的经验证据。同时，本书以高铁开通为切入点，对比了有无开通高铁对城市制造业集聚的异质性因素，也从高铁服务提供强度、高铁发展带来的可达性变化以及空间溢出效应等多重视角检验高铁的制造业空间重构效应，为高铁效应的评估提供了多重视角。

1.2 主要研究方法

本书以实证研究为主，力求从多个角度、多个层次和多重视角，运用多种研究方法对高铁影响制造业空间重构的命题进行理论分析和计量验证，具体而言本书采用的主要研究方法有：

一是采用统计分析和计量分析相结合的方法。具体而言，第 3 章第 1 小节，本书先是利用 EG 指数法，测算了二位数、三位数和四位数行业在市级层面的集聚程度，并描述了制造业产业集聚在高铁出现前后的演变趋势，在此基础上，对高铁出现前后中国制造业集聚地理格局演变进行可视化描述。第 4 章的第 1 小节和第 6 章的第 2 小节分别使用主成分分析法测算了省级层面的地方保护程度指标和市级层面的制度质量综合指标。第 4 章分别基于省域制造业行业集聚视角和城市制造业集聚视角，运用面板数据计量分析方法，对高铁与制造业集聚之间的逻辑关系进行量化分析；第 5 章运用空间计量方法，进一步考察了高铁溢出效应对制造业跨行政边界集聚的影响；第 6 章本书运用温忠麟和叶宝娟（2014）提出的新中介效应检验方法，结合索贝尔（1982）的中介效应检验方法对制度中介效应进行验证。

二是采用理论分析和经验分析相结合的方法。具体而言，在第 3 章，本书从工资、地价等影响要素再配置的价格机制切入，构建了高铁影响制造业集聚的数理模型，同时通过建立概念模型对高铁通过制度中介效应影响制造业集聚的机制进行分析；在第 4 章，本书分别基于省域行业集聚视角和城市集聚视角对高铁与制造业集聚之间的关系进行经验分析；第 5 章，进一步运用空间经济学方法对高铁空间溢出效应进行经验考察；第 6 章，运用中国制造业企业加总数据匹配以城市面板数据，对第 3 章提出的理论假说进行计量验证。

三是采用横向比较和纵向对比相结合的方法。具体而言，在第 3 章的第 1 小节，本书从时间维度上分析了 2003～2013 年高铁出现前后中国制造业地理格局和集聚程度的演变的基本态势，也从横向比较了不同城市的制造业集聚差异。在第 4 章，对高铁与制造业集聚关系进行量化分析时，也从不同行业维度和城市维度，验证了高铁对制造业不同行业集聚以及在不同城市集聚影响的异质性问题。

1.3　研究内容与研究框架

本书基于中国大规模高铁开通的现实背景，结合中国制造业行业和区域集聚演变的基本事实，从效应和机制两方面，研究了高铁与制造业空间集聚之间的内在逻辑联系。本书的分析遵循"描述现象—提出假说—验证现象—解释现象"的研究思路，先是对高铁发展历程和高铁出现前后中国制造业空间集聚演变进行刻画，在此基础上建立了高铁影响制造业集聚的理论机制，在量化分析高铁与制造业集聚之间的关系后，进一步验证了高铁影响制造业集聚的机制。本书通过 7 个章节对这一主题进行逐步深入的研究。

第 1 章为绪论。在该章节中，本书先后介绍了选题背景与意义、研究内容和结构安排以及可能的创新点。

第 2 章为文献回顾。在该章节中，本书梳理和回顾了制造业集聚影响因素的相关研究文献，归纳和总结了高铁经济效应的相关研究进展。在制造业集聚的影响因素方面，本书主要从可达性、市场一体化和政府干预等方面对研究文献进行分类归纳，以便为本书后文的研究提供选题依据和理论支撑；在高铁的经济影响方面，本书按照已有文献的观点将高铁经济效应的研究分为两大类："增长效应"和"结构效应"，并简要介绍了目前有关高铁经济效应研究的其他发现。最后，本章也对高铁与制造业集聚关系的最新研究进行回顾。在对相关研究文献进行评述的基础上，提出了本书的研究命题。

第 3 章为高铁影响制造业空间集聚的理论机制。本章对高铁出现前后制造业空间集聚特征及演变趋势进行较为详细的刻画，概括其典型的特征事实。在此基础上，从要素价格和制度环境两个方面，构建了高铁影响制造业空间集聚的理论机制。

第 4 章为高铁影响制造业空间集聚的量化分析。本章基于省域制造业行业集聚和城市制造业集聚双重视角考察高铁对制造业空间集聚的影响。在本章的第 1 节，利用中国 30 个省份的 27 个二位数制造业行业数据，对高铁与省域内制造业行业集聚关系进行量化分析，以验证高铁是否构成中国制造业行业集聚下降的重要因素，本章第 2 小节则利用中国城市面板数据，运用双向固定效应模型，并结合工具变量法，实证检验高铁对沿线中心城市和外围城市制造业集聚的异质性影响，以验证第 3 章提出的高铁是否通过促进沿线外围城市制造业集聚，抑制沿线中心城市制造业集聚，进而整体上降低了中国制造业产业集聚度的可能路径。

第 5 章为进一步分析：高铁溢出效应与制造业跨行政边界集聚，本章通过构造可达性潜力和日常可达性系数等指标，考察了中国高铁发展带来的城市可达性改善对外围城市制造业集聚的本地影响及空间溢出效应。这部分是对第四部分的进一步拓展研究，侧重运用较新的空间经济学方法，从可达性视角切入考察高铁发展的空间溢出效应。

第 6 章为高铁影响制造业空间集聚的机制检验。本章主要是对第 3 章提出的理论假说进行验证。在该章的第 1 小节中，先是基于全样本数据，对高铁影响工资和地价进而影响制造业集聚的机制进行验证，接着通过中心城市和外围城市的分组数据，分别验证了工资和地价机制在中心和外围城市的不同表现；

在该章的第 2 小节，以外围城市作为考察对象，通过建立中介效应模型，运用多种中介效应检验方法对高铁影响制造业集聚的制度中介效应进行验证。

第 7 章为结论与研究展望。该章总结了全书的研究结论，并提出未来值得研究的方向。

本书的研究框架如图 1 - 1 所示。

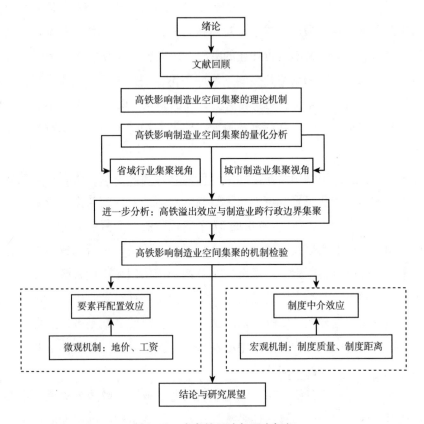

图 1 - 1　本书的思路与研究框架

1.4　可能的创新之处

本书可能的创新之处主要体现在以下几个方面。

一是方法的创新。从有关高铁的经济学文献来看，目前较多研究采用虚拟变量指标衡量高铁建设，并在此基础上考察高铁对经济活动的影响，采用的指标方法较为单一。相比于已有的研究，本书则在这方面进行了一些拓展。具体来看，在 4 章的第 1 节，本书以高铁日出行班次和高铁站点数衡量高铁服务提供强度，从高铁服务提供角度考察高铁对制造业集聚的影响；在第 5 章中，本书基于铁路旅行时间，构造了日常可达性系数和可达性潜力等反映城市可达性的指标，从可达性角度考察高铁发展对制造业集聚本地影响和空间溢出效应。另外，在第 6 章中，本书除了运用主成分分析法构造了反映城市制度质量的综合指标外，通过定义制度前沿城市，构造了反映外围城市和制度前沿城市制度质量差异的制度距离变量，在此基础上考察制度的中介效应。

二是数据的创新。一方面，本书采用了 2003～2013 年中国工业企业数据库制造业微观企业数据，在对二位数、三位数和四位数行业进行匹配后，测度了 2003～2013 年中国二～四位数制造业行业的集聚程度，为了解中国制造业在行业和地区层面的集聚状况和演变趋势提供了新素材；另一方面，本书基于《极品列车时刻表》构建了 2008～2013 年完整的高铁数据库，该数据库涵盖了铁路站点所有的车次、始发站、终点站、车辆类型、发站、发时、到站、里程、历时和软硬座票价等详细信息，基于高铁数据库的数据支持，本书分别从是否开通高铁、高铁出行班次和旅行时间等方面构造高铁的衡量指标，从多个方面考察高铁对制造业空间集聚的影响。

三是研究角度和内容的创新。本书并没有从市场潜力、要素流动等传统角度分析高铁影响制造业集聚的机制，而是从影响资源配置的要素价格和制度环境两方面切入，来探讨高铁影响制造业集聚的机制。特别是以往有关高铁影响产业空间分布的研究文献多数建立在新经济地理学基础之上，而制度因素并未进入新经济地理理论模型中，以至于制度因素通常被忽略，但是对于中国这种转型经济体国家而言，制度环境对于企业生存和发展至关重要，因而也会影响企业的区位，本书将制度因素纳入高铁影响制造业集聚的机制分析框架之中，并验证了制度中介效应的存在性，这可能为该领域的研究提供了新的经验证据。另外，本书在验证高铁对城市制造业集聚的直接影响基础上，还基于可达性视角，考察了高铁发展可能存在的空间溢出效应，这在以往的研究中也是比较少见的。

| 第 2 章 |

文献回顾

有关制造业集聚的研究成果较为丰富，学术界对制造业集聚的测度，制造业集聚的驱动因素和制造业集聚的效应均作了大量的研究，产生了大量的成果。已有较多研究文献对制造业集聚理论进行全面的梳理和总结，如很多研究从产业区位论、古典贸易理论、新古典贸易理论和新经济地理学等方面对制造业集聚成因做了全面的梳理和归纳。本书的研究主题是科学评估高铁对制造业集聚的影响，并对高铁影响制造业集聚的机制进行分析和验证。因此，本章的研究并不是重复前人的工作：对制造业集聚理论进行系统的梳理和总结，而是将重点放置于对制造业集聚动因的已有文献的总结和归纳，以便为本书提供立论依据，也为本书后文提供较为坚实的文献基础。同时，也梳理和归纳了有关高铁经济学研究的已有发现。最后，将高铁与制造业集聚两者联系起来，进一步梳理了高铁与制造业空间集聚的内在逻辑及影响机制研究的最新进展，评价已有研究的贡献和不足，并提出本书新的研究视角。

2.1   制造业空间集聚影响因素研究

什么导致了一国内部的制造业集聚，为什么一国内部制造业空间分布会存在明显的区域差异？作为工业区位理论的创始者，韦伯（1909）可能是最早研究制造业集聚的西方学者，在费用最小化区位就是最好区位的理论前提下，韦伯认为影响集聚的最主要原因是运输成本和生产密度，企业家寻求最小的生产区位，除了考虑运输费用和工资之外，还要考虑集聚经济。胡弗（1937）对韦伯（1909）提出的"工业区位论"进行了修改和补充，进一步分析了交通成本和生产成本变化对产业区位的影响。泰勒（1933）提出"中心地理论"，认为区域发展必须拥有不同等级服务职能的城镇中心，这些城镇多位于服务区域的中心，称为"中心地"，而产业集聚的规模则取决于不同层级的中心地的市场规模。俄林（1933）提出"一般区位理论"认为交通运输方便的区域能够吸引到资本和劳动力成为重要市场，可专门生产面向市场、规模经济明显和难以运输的产品。罗斯（1939）的"市场区位论"则认为产业布局的根本原则并不是成本最小化，而是利润最大化，企业寻求利润最大化区位。伊萨德（1956）提出"一般均衡区位论"，详细讨论了运费量、运输率和劳动力等对企业区位的影响，提出了著名的"替代原则"，通过市场区的分析，提出了竞争布局的模式。弗农（1966）提出了"产品生命周期理论"，认为处于成熟期的产业会出现波浪扩散效应，开始向周边地区扩散；处于衰退期的产业一般为劳动密集型，技术完全定型化，产品需求已趋于饱和，生产潜力不大，于是从发达地区向落后地区转移，成本成为区位决定性要素。克鲁格曼（1991a，1991b）提出"中心—外围"理论。通过一个两区域两部门模型，解释了产业分布的"核心—边缘"模式，认为为实现规模经济，同时最大限度降低运输成本，制造业往往位于需求较大的地区，但需求的位置本身取决于制造业的分布，"核心—边缘"模式取决于运输成本、规模经济和制造业在国民收入中的比重。克鲁格曼和维奈布尔（1995）发现运输成本与产业集聚水平呈倒 U 型关系，当运输成本很低或很高时产业集聚水平都很低，而当运输成本处于中间水平时，产业集聚程度最高。

　　传统的产业区位理论、现代区位理论、新古典贸易和新贸易理论以及新经济地理学等理论流派为制造业集聚的驱动因素提供了多种不同的解释。进入 21 世纪以来，经济学者通过不断的修正和补充原有理论的不足，丰富发展了有关产业分布的相关理论。在这部分，本书将梳理和归纳 21 世纪以来，有关制造业集聚驱动因素的相关实证研究进展，重点梳理和归纳制造业集聚驱动因素文献中有关可达性与制造业集聚、市场一体化与制造业集聚、政府干预与制造业集聚等方面内容，以便为本书选题及后面的实证研究提供理论基础，同时这些方面也是近年来有关产业区位研究中关注比较多的领域。

2.1.1　可达性与制造业集聚

　　奥尔加和里瓦斯（2001）通过建立一个两区域和三个部门（制造业、生产者服务业和农业）组成的理论模型，分析了生产者服务业和制造业的区位选择，并考察了电信发展对生产者服务业和制造业区位的影响，其研究认为在贸易成本较低时，生产者服务业为了获得信息机会，会选择在电信使用方面具有相对优势的区域，而制造业则选择在工资较低的区域集聚。地区间的一体化将导致专业化模式，而信息在塑造经济活动空间分布方面更具决定性优势，当贸易成本较低时，服务业是塑造经济空间格局的产业，服务业企业分享信息的需要促使他们集聚在一起，从而提高该地点的工资水平，而由于运输成本低和信息外溢，制造业将转移到其他区域。

卡罗德和翁帕尔多（2009）研究了制造业企业的区位决策行为，分析了集聚经济，特别是可达性改善对企业区位的影响，其研究发现集聚经济（包括路网改造）在工业区位决策中有重要作用。可达性改善使得计算机、医疗和精密仪器、食品、饮料、烟草以及化学工业都遵循着集聚的空间行为。更高的可达性意味着更低的旅行成本，使外部规模经济更加可行，从而有利于集聚。

宋叶娜等（2012）研究了韩国首尔都市圈的产业集聚与交通可达性之间的关系，其研究发现尽管首尔大都市地区迅速扩张，但中心商业区仍然是工业和运输系统的中心，大多数工业子行业均在中心区域集聚，而只有初级制造业集聚不在中心区域，地铁和公路网络在首尔中心区域和大城市才显示出更高的可达性，意味着产业集聚与交通运输可达性之间存在紧密的联系，除在影响大小和显著性水平方面表现出一定的差异外，总体而言，运输网络与产业集聚呈正相关关系。

余楠楠等（2016）基于中国274个城市2000～2010年面板数据，探讨了高速公路网络在空间经济集聚演化中的作用，其研究发现高速公路网络的改善带来的区域可达性改善，导致经济活动的地理集中程度更高。西部地区高速公路网络对经济集聚的影响是负向的，这意味着中国欠发达地区会由于道路可达性增加而变得相对更加边缘化。

多兰蒂斯等（2012）基于西班牙马德里的研究，也发现经济活动地点的模式与城市可达性有关。帕尔多和卡罗德（2013）研究了西班牙10个行业的企业区位选择问题，其研究发现集聚经济和可达性在产业区位决策中具有重要作用。奎扎达和比奥斯卡（2017）基于墨西哥的研究也发现运输基础设施改善带来的可达性改善对产业区位有重要影响，但这种影响并不是决定性的。周浩等（2015）研究了可达性对集聚经济及中国制造业新建企业选址的影响，其研究发现区域间需求可达性对新企业具有排斥力，供给可达性和区域内需求可达性则对新企业具有吸引力，集聚经济是新企业落户的重要因素。曹佳斌（2019）的研究发现提高城市对外交通可达性能吸引本地或外地制造业企业到本地区集中，而这种效应在大城市表现得更为明显，但在中小城市并不明显。

2.1.2　市场一体化与制造业集聚

山本和弘（2008）基于新贸易理论（NTT）框架，考察了不完全国际资本流动对产业区位的影响，研究发现在国际资本完全流动的情形下，制造业企业集聚随着制成品运输成本的下降而增强，而制造业完全集聚于拥有大市场的国家，则是在较低运输成本时出现的，在一个资本流动性极好的世界，大市场国家的企业份额总是超过一定比例，当国际资本投资存在正交易成本时，资本投资的内部偏差就会出现，如果制成品的运输成本非常低，则所有资本持有者都将其资本投资于本国市场。

杨茜和滨口信明（2013）在两国四区域背景下，分析了贸易基础设施对企业区位的影响，其研究发现当市场在国际上或各国内部更加一体化时，初始基础设施差异对企业选址的影响会被放大，贸易自由化促进了该国基础设施改善后的区域制造业企业分散，对于基础设施较差的国家，由于基础设施劣势被放大，单方面的国内市场一体化不一定会导致企业流入。

徐文泰和王平（2012）通过建立贸易和集聚模型，分析了贸易、企业选择对产业集聚的影响，其研究发现当非技术劳动力较少时，选择中间产品企业的作用变得不那么重要，贸易自由化导致了分散。而当非技术劳动力规模较大，选择效应不明显时，贸易自由化对制造业集聚会有非单调的影响。非熟练劳动力中间投入的互补性对选择影响较大时，贸易自由化的分散效应产生。

维多利亚等（2018）考察了 1856～1929 年西班牙工业区位的决定因素。HO 模型认为经济活动的空间分布是由比较优势决定的，而新经济地理学模型则显示，市场一体化进程与区域内工业活动集聚程度之间存在钟形关系，通过估计同时包含赫克歇尔—俄林和新经济地理因素的模型，发现要素禀赋比较优势和 NEG 模型机制都是西班牙工业区位的决定因素，尽管他们的相对强度随时间而变化。

曾道智（2016）在新贸易理论（NTT）的分析框架下，研究了不完全资本流动对收入和工业区位空间不均衡的影响，其研究发现如果资本流动性不是太低，名义工资收入的不平等与贸易成本的下降呈钟形关系，当资本流动性增强时，名义收入和工业区位的空间不均衡表现不同，具体而言，当资本流动性较大时，工业区位的不平衡会加剧，而名义收入的不平等则表现为多种形式。产品市场的一体化减少了实际收入的不平等，然而，资本市场一体化加剧了这种不平等。

阿米拉布等（2019）测算了 1998～2013 年印度服务业和制造业细分行业地理集中度，发现由于资本密集型制造业急剧减少，工业集中度的平均水平大幅下降，其进一步研究发现，制造业的日益分散可能是由于区域交通运输条件的改善、低效的土地管理政策和有限的劳动力流动导致的。

另外，帕鲁齐等（2001）、斯叶伯格和舍霍姆（2004）、马丁（2005）、艾辛格和普法菲尔（2004）基于不同的国家案例，研究了市场一体化对制造业集聚的影响，这些研究在市场一体化是否促进了制造业地理集聚方面存在分歧。国内学者针对中国的情况也进行了相关探讨。吴三忙和李善同（2011）基于新经济地理理论分析了国内市场一体化与制造业地理集聚之间的关系，发现两者之间呈现倒 U 型关系。赵伟和张萃（2009）的研究则发现无论是对中国制造业区域集聚的纵向考察还是实证检验，均表明目前中国市场一体化具有显著的制造业区域集聚效应，但尚未产生理论模型推断的倒 U 型效应。赵曌等（2012）考察了贸易成本及其他要素对制造业部门空间分布的影响，其研究发现现阶段生产成本水平下，贸易成本是影响我国制造业部门空间分布的重要因素。另外，邓慧慧（2009）的研究发现规模报酬递增、国内市场一体化以及工业中资本密集度的提高会进一步促进东部的制造业集聚，而国际贸易自由化，中国对外开放程度的提高则有利于要素和制造业的平衡分布。

2.1.3　政府干预与制造业集聚

近年来，企业区位选择中的制度性因素，日益受到学者的关注。研究重点主要集中在经济政策和地方保护方面。

阿泊德（2004）利用县级层面的数据，考察了政府政策干预、研究园区影响当地私营工业研究实验室数量增长的能力，其研究发现尽管研究园区的存在与实验室数量相关，但研究园区并不是有效的促进地方开发的政策工具，其研究进一步指出通过地方政府努力塑造创新地理的能力似乎是很有限的。

科尔姆和米卡（2004）采用案例分析方法，考察了政府政策在新知识密集型产业集聚区形成过程中的作用，通过爱尔兰的都柏林和芬兰的坦佩雷案例，强调了政府干预在集聚形成中的重要作用，其研究发现在创新体系、产业和企业层面及时的公共政策干预在新的知识型产业的形成中发挥着重要作用。

路江涌和陶志刚（2009）利用中国 1998~2005 年工业企业数据，研究了中国制造业地理集中趋势和决定因素，其研究发现以 EG 指数衡量的中国制造业集聚水平在考察期，一直稳步上升，但仍然远低于法国、英国和美国等发达国家，进一步研究发现中国各地区的地方保护主义阻碍着制造业的地理集中过程，其研究还发现马歇尔外部性也是解释中国制造业集聚演变的重要因素。

廉同辉等（2016）考察了产业政策中环境规制对中国制造业区位的影响，其研究发现中国环境规制严格性的显著地区差异影响了中国制造业的区位选择，环境规制严格程度不同使制造业从环境严格规制的省份向环境规制较不严格的省份转移，环境规制松弛度较高的省份对污染型产业的吸引力较大，导致了排放密集型产业的集聚。其研究还发现，丰富的自然环境和人力资源禀赋也是影响制造业产业区位的重要因素，制造业往往集聚于工业基础雄厚、自然资源和人力资源丰富的地区。

郑丹和石敏俊（2018）利用 2009 年中国制造业企业微观数据，通过建立 Logit 模型，检验了工业用地供给和分配政策对制造业区位的影响，其研究发现，产业用地供给量的扩张和产业用地分配均衡化政策均与企业区位选择呈正相关关系，进一步研究发现工业用地政策的影响会因企业所有权和产权属性的不同而有所差异，与同类企业相比，合资企业对工业用地供应政策的敏感性较低，而劳动密集型产业的企业对工业用地分配政策的敏感性则较高，工业用地政策在决定企业空间分布方面起着重要的作用。

从国内研究来看，韩峰和柯善咨（2012）的研究发现，地方保护主义主要通过影响空间外部性作用于制造业的空间分布，地方保护主义进一步加强了市场潜力对制造业集聚的作用。牛昱昱等（2014）考察了行政垄断、市场配置对中部地区制造业地理集聚的影响，研究发现行政垄断对中部制造业地理集聚的影响是多重的，以征税为代表的传统行政垄断不利于产业集聚的提升。程艳和叶徵（2013）的研究发现，地方政府采取保护主义政策在短期内可能有利于当地制造业集聚的发展，但这样的集聚优势难以长期维持。贺灿飞等（2018）的研究发现，集聚经济对计算机上下游制造业的推动作用降低，而政策激励的影响在显著增加。

2.1.4　其他影响制造业的集聚因素

除了以上几个方面外，这部分也对有关制造业集聚动因考察的其他文献进行简要的归纳。一是市场潜力与制造业集聚，很多学者基本是在新经济地理学研究框架下，考察市场潜力对制造业集聚的影响。这方面的研究如克罗泽和柯尼格（2004）、汉森（2005）、叶素云和叶振宇（2012）、汪浩瀚和徐建军（2018）等，这些研究认为市场潜力是引起制造业集聚的重要因素。二是规模经济与制造业集聚，这方面的研究如托马斯和约翰（2002）、萨尔瓦多等（2006）、阿克米克和格萨尔（2014）等，这些研究均发现企业规模与制造业集聚呈正相关关系，也即企业规模越大越有助于制造业的地理集聚。三是资源投入强度与制造业集聚，这方面的研究如阿克米克和格萨尔（2014）。四是空间邻近与制造业集聚，这方面的研究如阿特尔图尔等（2013）、曹玉红等（2015）、刘岳平和付晓东（2018），这些研究均认为空间邻近是制造业集聚的动因。

2.2　高铁的经济效应研究

近年来，随着高铁建设在世界范围内的兴起，高铁的经济效应日益引起学者们的关注。虽然目前国内外研究学者从不同的角度对高铁的经济效应进行评估和分析，但仍然未建立起一个统一的分析框架。从现有的研究来看，有关高铁经济效应的研究主要集中在两个方面：一是高铁的增长效应。这方面的研究文献主要侧重于检验高铁开通对沿线地区生产力、就业、人口增长等方面的促进作用。二是高铁的空间重构效应。考察高铁是否导致了经济资源的空间重新配置，这方面主要侧重于检验高铁开通对区域间发展的公平性、均衡性等方面的影响。许多研究又将这两方面结合起来，研究高铁的经济空间重塑效应。这些方面文献均与本书的研究主题密切相关。本书主要从增长效应、重构效应和其他影响三方面，对高铁经济效应的已有研究进行梳理和归纳。

2.2.1　高铁的增长效应

高铁的增长效应，是高铁经济效应研究的重要内容，已有的研究文献主要从地区经济增长、就业和城市规模扩张等方面对高铁的增长效应进行考察和分析。

对于高铁开通是否促进了地区经济增长，目前仍然存在较大分歧。一些学者的研究发现，高铁对于沿线地区经济增长具有显著的促进作用，但影响会因地区不同而有所差异。萧克等（2017）利用 1990～2013 年中国地级城市面板数据，评估了高铁项目对沿线地级城市经济增长的影响，其研究发现高铁开通对沿线站点地级城市的积极影响主要集中于沪宁段、甬台温福厦段和位于湖南省境内的武广高铁沿线，而高铁之所以对这些地区的经济增长有显著的影响，原因在于这些城市位于东部沿海地区，属于中国核心城市群地区，使其成为了交通枢纽。陈振华和海恩斯（2017）采用铁路轨道密度作为高铁建设投资数量的衡量指标，以可达性指标反映高铁带来的交通质量改善，进而分析高铁建设对地区经济增长的影响，其研究发现铁路网络密度对中国东部和北部地区区域经济增长有显著的正向效应，而在长江中游、西南和华南等地区，高铁带来的可达性变化对地区经济增长的影响更为显著。孟雪晨等（2018）基于中国 2006～2014 年县级层面数据，研究了中国高铁建设对县域经济增长的影响，其研究发现高铁建设有利于站点县的经济增长，而之所以会对站点县经济增长有影响，原因在于高铁对距离高铁站 30～100 公里内区域资源的再分配效应。韦特维图和加藤广野（2017）以日本新干线为例实证，研究了高铁建设与区域生产力之间的关系，发现有高铁服务的县总体上比没有高铁的县更具有生产力，高铁网络扩张有望通过集聚经济和网络规模经济带来的收益增长来提高区域经济生产力，高铁线路可以提高各地区的经济生产力，尤其是通过高铁网络将各地区与大城市连接起来，可以使大城市之间的小范围集聚区收益。李红昌等（2018）基于2007~2014年中国200个城市的地级市面板数据，通过构建可达性系数指标，研究了高铁带来的可达性改善对经济活动的影响，其研究发现可达性改善显著促进了国内生产总值、人均国内生产总值和就业增长。刘怡等（2018）基于北京、天津、河北等54个区和县级市的研究发现，高铁通车后使京沪区域内交通条件获得改善的区和县地区生产总值增长率上升0.5%，人均地区生产总值增加了0.32万元。逯建等（2018）基于铁路时刻数据，考察了时间成本、城市规模与人均经济增长的关系，研究发现铁路运输时间每年下降1%会使各城市的人均地区生产总值增速额外增加1.382%~2.194%，城市人口规模越大时间成本节省所产生的人均经济增长越大。张俊（2017）以2008~2013年首次开通高铁的县作为处理组，使用双重差分法估计了高铁开通对高铁县经济发展的影响，其研究发现高铁开通对县级市和县经济发展带来不同的影响，高铁开通对有高铁的县级市经济增长的贡献为34.64%，而对一般县经济增长的影响则不显著。一些研究则进一步发现高铁具有显著的空间溢出效应，在促进本地区经济增长的同时也能够通过溢出效应，促进周边地区的经济增长，如王雨飞和倪鹏飞（2016）、刘勇政和李岩（2017）的研究发现高铁建设不仅带动了本地经济增长，同时也促进了相邻城市的经济增长，但另一些研究则不认为高铁对区域经济增长有显著的正向影响，甚至发现高铁的开通抑制了当地经济增长，如张克中和陶东杰（2016）、余琴（2017）研究发现高铁开通显著降低了沿途地级城市的经济增长率。

高铁的增长效应另一体现是对就业增长的影响。林雅堂（2017）利用2003~2014年中国城市面板数据，基于双重差分法考察了中国81个城市开通高铁前后就业人数和客运量的变化，研究发现连接高铁的城市客流量增加了10%。董晓芳（2018）利用2003~2015年中国城市就业数据，分析了高速铁路对城市部门就业的影响，发现高速铁路对城市部门各行业就业产生了不同的影响，只有与旅游相关的行业受到了高铁的显著影响，特别是零售批发和酒店食品行业。董艳梅和朱英明（2016）的研究发现高铁开通显著提升了高铁城市的就业水平，但主要对其中的大城市和东、中部城市的就业促进效应显著，高铁就业效应具有行业异质性，高铁开通显著降低了第一产业的就业水平，但促进了第二产业尤其的第三产业的就业增长。朱文涛等

（2017）基于中国地级市面板数据，运用双重差分法估计了高铁建设对服务就业影响，其研究发现高铁建设在整体上能够显著提高沿线中间站点的服务业就业水平，但高铁的就业效应会因地区和行业的不同而有所差异。从已有文献研究来看，多数研究肯定了高铁对地区就业增长的积极影响，但高铁的就业效应具有行业和地区异质性特征。

在高铁增长效应的考察中，其对地区人口和城市规模的影响也是目前学者比较关注的方面，但高铁是否带来沿线站点的人口增长和城市蔓延，也还未形成一致观点。佐佐木高美等（1997）考察了日本新干线开通后的经济活动和人口空间分布的变化，其研究发现新干线的网络扩张在一定程度上促使人口和经济活动的区域扩散。邓涛涛等（2019）研究了中国城市的人口萎缩问题，通过双重差分法考察高铁建设与城市人口萎缩的因果关系，发现高铁运营加剧了快速城市化过程中的劳动力竞争，高铁在开始运营后的第四和第五年对萎缩城市的人口损失造成显著的负向影响。张明志等（2018）利用双向固定效应模型，研究了高铁开通对城市人口分布的重塑效应，发现高铁开通显著地降低了城区人口密度。刘金凤和赵勇（2018）基于中国中西部地区的 163 个地级城市面板数据，运用双重差分法就高铁建设对中西部地区开通高铁城市的人口规模和城镇化水平的影响进行研究，结果显示在高铁建设降低了中西部地区开通高铁城市的人口规模，不利于城市化水平的提高。

高铁对城市扩张的影响方面，龙奋杰（2018）基于中国地级城市数据的研究发现高铁对城市扩张具有显著的正向影响，弹性为 0.12～0.13，高铁在促进欠发达的中西部城市扩张方面的成功几乎是发达东部城市的两倍。王垚和年猛（2014）基于 2007～2010 年地级城市研究发现，高铁对城市规模扩张的影响已由 2007～2009 年的负效应变为 2010 年的正效应，并且具有明显的空间溢出效应。邓涛涛和王丹丹（2018）的研究发现高速铁路已成为诱发中国城市蔓延现象的重要因素，规模较大的城市、东部地区城市和设高铁站点在城市外围的城市，蔓延水平受高铁的影响更大。

2.2.2　高铁的重构效应

许多研究认为高铁带来的更多的是一种经济空间的重塑功能。目前，对于高铁带来的空间结构重塑效应研究，大体上的结论可分以下几类：一类文献认为高铁建设会使经济活动由中心区域向边缘区域扩散，缓解了经济空间失衡，促进了地区融合和一体化发展；另一类文献认为高铁建设促使经济活动向中心区域转移，使得经济地理空间不平衡性更为凸显。也有一些文献认为交通基础设施是否能起到重塑空间结构的作用，主要取决于所处的区位，或依赖于所采取的政策配套。

陈振华和海恩斯（2017）采用轨道网络密度反应高铁建设投资数量的变化，引入三个可达性指标来衡量高铁交通质量的指标，考察了大规模高铁建设对中国地区经济发展差距的影响，其研究发现，高铁建设缩小了地区间的经济差距，促进了中国区域经济的融合。

赫尔曼和斯密德（2018）研究了德国高铁网络扩张带来的通勤时间节约与工人通勤决策的因果关系，以及高铁网络扩张对工人居住地和工作地选择的影响，发现高铁投资在某些情况下大大缩短了区域间的旅行时间，这种旅行时间的节约并不能减少货物运输时间，但可以大量节约通勤时间，通勤时间减少1%，会使不同地区之间的通勤人数增加0.25%，这种影响是由于工人将工作地点转移到较小城市，同时保留了他们在较大城市居住地形成的。高铁网络有利于边缘地区的发展，因为这些地区获得了对大城市生活有较强偏好的合格劳动者。

王磊和段学军（2018）采用案例研究方法，考察了长三角城市在高铁网络发展中的赢家和输家城市，其研究发现高铁网络显著降低了长三角城市整体人口可达性的空间不均匀程度，有助于改善长三角总体人口可持续发展的公平性，但较低发展机会和缺乏高铁列车服务的城市则无法获益。

徐杰等（2019）考察了高铁对长江三角洲沪宁走廊区域空间重构的影响。其研究发现高铁的主要服务对象是不同市镇次中心区到市区之间的行程。这些行程为潜在的分区，特别是邻近核心城区的分区提供了机会，形成一个横向多中心的城市网络并促进了区域经济一体化。高铁在区域衔接中具有重要意义，有利于中间站点区域的发展，使区域城市网络重塑为横向多中心网络结构，从而缓解了高铁带来的内陆地区核心城市发展的问题，提高了沪宁高铁走廊的整体收益，削弱了行政区划界限对经济活动的影响。

邝锡金（2000）研究了韩国首尔—釜山高速铁路发展对韩国首都地区空间结构的影响，研究发现高铁开通后与人口有关的空间结构（密度和总人口）显示了不断向首尔及其边缘集中的趋势，而与就业有关的空间结构则显示了随时间推移更加分散的趋势。

乌雷尼亚等（2009）研究发现高铁基础设施和区域性高铁服务的引入，改变了小城市与大城市、大城市与大城市之间的联系和时间距离，从而改变了原有城市体系的平衡和等级，高铁可能有助于提高大中型城市相对于某些小型区域城市的区域中心性，或者有助于降低其相对于其他小型城市的中心性，从而有利于大城市发展，促进大城市之间的两极分化。

刁幂（2018）考察了高铁建设对中国经济地理的影响，其研究发现高铁开通后高铁城市的固定资产投资水平大幅提高，但高铁的影响会因城市规模大小而异，拥有大量人口的二线城市将获益更多，而小城市和大城市可能经历着边际投资负增长。

贾善铭等（2017）的研究结果表明不同的高铁线路对经济增长的影响是不同的，京广高铁对站点城市人均地区生产总值产生积极影响，这将导致站点城市和非站点城市人均实际地区生产总值差距扩大，在京沪线沿线地区，高铁对沿线城市实际地区生产总值产生显著的负向影响，可以缩小站点城市和非站点城市的人均实际地区生产总值差距，促进区域间的协调发展。

李涛等（2018）研究了高铁网络对海南省效率和空间公平的影响，其研究发现高铁建设提高了整个岛屿和走廊的空间集聚力，虽然环岛高铁网络由几个相对平等分布的高铁站组成，但结果表明，由于可达性值的初始水平不同，各县对整个岛屿的集聚力有不同的贡献。此外，县级分析表明，各县的内部变化也不同，出现了平衡、两极分化和中性效应。

郑玉兴（2015）对比研究了中国和欧洲高速铁路网络对经济一体化和区域专业化的影响，其研究发现引入高铁后西北欧较发达地区的经济增长总体趋同，而对于中国的研究则发现对于那些快速发展的地区，高铁的引入加剧了地区间的增长差异。其认为高铁发展的经济影响取决于区位，仅仅依靠运输条件改善并不一定会导致地方经济发展或促进区域一体化。维克曼（2018）基于西北欧高铁网络的证据以及对英国第一条高速铁路的研究，发现交通基础设施本身不可能具有区域经济重塑作用，但与其他政策干预相结合，才促成这种作用。

国内研究方面，董艳梅和朱英明（2016）的研究发现高铁建设扩大了东部大型城市和非高铁城市之间的工资差距和东部中型高铁城市与非高铁城市之间的经济增长差距。覃成林和种照辉（2014）的研究发现，高铁促进了沿线城市的集聚水平提高，但拉大了铁路沿线城市间的经济集聚水平差异，经济集聚格局向非均衡发展。鲁万波和贾婧（2018）的研究发现，高铁通勤进一步加速了城市差异化发展，从而显著地加剧了区域经济发展的不平衡性。王赟赟和陈宪（2019）的研究发现，高铁开通带来的通勤成本节约增加了沿线中小城市的人口流入，而对沿线区域中心城市的作用削弱。石林等（2018）的研究发现，高铁开通及高铁车次对区域一体化起到明显的促进作用。王春杨等（2018）发现高铁建设对城市体系空间格局的影响存在显著的区域差异，在长三角城市群和珠三角城市群促进了人口与经济扩散，在长江中游城市群和成渝城市群则促进了人口和经济集聚，高铁促进了大城市的经济扩散，带动了沿线中小城市的经济集聚。

2.2.3 高铁的其他影响

除以上几方面的研究文献以外，高铁对土地市场、住房市场和旅游市场的影响也是目前经济学者关注较多的领域。

1. 高铁与土地价值

目前多数研究发现交通条件的改善有利于推动城市地价的上涨，如科夫曼和格雷森（1998）研究了铁路建设对美国伊利诺伊州诺克斯县土地价值的影响，其研究发现，铁路建设给该县土地所有者带来了巨大的资本收益，如果一个农民或商人成功说服一条铁路在他们自己的乡镇建造，他的土地每英亩价值将比全县平均水平增加一美元或更多。王磊等（2018）以中国江苏省为研究样本，从高铁开通率和列车服务频率两个方面，考察了高铁开通对商业用地市场的影响，研究发现整体上高铁开通对商业用地市场的土地交易量有显著的正向影响，列车服务频率的影响却并不明显。从商业用地市场交易价格来看，列车服务频率对商业用地交易价格有积极的影响，但高铁对商业土地市场的影响会因地区的不同而呈现异质性特点，开通高铁列车服务仅对苏南地区的商业用地市场土地交易量产生积极而显著的影响，而高铁发展对苏州中部商业用地交易量的影响则微乎其微。周玉龙等（2018）利用2007～2014年中国城市土地出让的微观数据，运用双重差分法和三重差分法，考察了中国高铁对城市建设用地的多重影响，其研究发现设有高铁站点的城市比未设有高铁站点的城市地价平均提高约 7%，且每多开设一个高铁站，城市地价还会提高 1%，高铁显著提高了商业服务业用地价格和住宅用地价格，但负向影响工业用地价格。

2. 高铁与房产价格

安德森等（2010）基于台湾的研究发现高铁可达性最多只能对房价产生轻微的影响，高昂的票价和根深蒂固的居住位置模式阻碍了台南和其他城市之间的每日通勤机会。陈振华和海恩斯（2015）基于京沪高铁沿线 22 个城市 1016 个住房社区的数据，评估了高铁对京沪高铁沿线城市房价的影响，发现高铁可达性对沿线城市房价有非常显著的影响，但这些影响在省会和非省会（中型和小型城市）之间有很大差异，高铁服务的建立对中小城市房价产生了相当大的区域影响（地方效应 + 溢出效应），而对较大的省会城市的房价影响不大，其认为这可能是中国省会城市住房市场竞争的结果。张铭洪等（2017）基于 2005～2014 年京沪高铁沿线 13 个主要城市站点周围 2245 个楼盘的面板数据，分析了高铁对房地产价格的影响，研究发现高铁开通显著提高了沿线城市的房地产价格，这种提升效应在一定距离区间内随着距离的增加而递减，高铁对房价高、人口规模大和经济总量高的城市房价提振作用要明显大于房价低、人口规模小和经济总量低的城市。刘晓欣等（2018）的研究也发现高铁开通对沿线城市房价有显著影响。张金月和张永庆（2018）也有类似发现。

3. 高铁与旅游经济

高艳艳等（2019）利用中国南方城市面板数据评估了高铁对旅游增长的影响，发现高铁的接入并没有促进旅游收入的增长，但确实吸引了游客。相比于发达的东部地区，欠发达的中西部地区通过高铁吸引了更多的游客。李淑珍等（2019）利用 2003～2013 年中国 238 个地级市面板数据，分析了高铁对游客流入的影响，其研究发现全国范围内高铁的开通产生了大量的游客流入，对国际游客的影响大于国内游客影响，与核心城市的联系是将国际客户引导到内陆地区的关键。邓涛涛等（2016）利用 2006～2013 年长三角 25 个城市的统计数据，定量分析了长三角高速铁路网络对城市旅游业发展的影响，发现高铁开通初期对城市旅游业发展并不明显，但随着长三角高速铁路网络的逐步建成，高铁对沿线城市旅游业影响呈现出逐渐增大的趋势。在高铁沿线城市，由高铁开通引起的可达性每提高 1%，城市旅游客流将增加 1.02%。魏丽等（2018）的研究发现，高速铁路开通对旅游产业综合效率和纯技术效率存在显著的积极影响，对于中部省份旅游产业规模效率的提高有积极影响。

另外，一些学者还从知识溢出（董晓芳，2018）、生产率（施震凯等，2018；黄凯南和孙广召，2019）、企业创新（谭建华等，2019）以及对航空市场冲击（张琼等，2017；杨杭军和张安明，2012）等方面对高铁经济效应进行多方面考察。

2.3　高铁与制造业集聚研究

在本章的前两节中，本书梳理了制造业集聚驱动因素、高铁经济效应等相关研究文献，这部分将高铁与制造业集聚两者结合起来，进一步梳理和归纳目前国内外文献针对高铁与制造业集聚关系的实证研究进展。目前，国内外文献针对高铁与制造业集聚关系的研究并不多。通过搜索文献发现，有关高铁与制造业集聚关系研究文献在 2016 年后才较多地出现。

国外文献方面，威利格斯和韦伯（2011）基于荷兰的研究发现高速铁路会影响企业选址，高铁列车服务可以改变区位，对企业区位选择有重要影响。孙博文等（2017）探讨了高铁开通对城市制造业集聚的影响。在新经济地理学模型基础上，将市场潜力和制造业工资纳入分析框架中，并运用 2000 ~ 2015 年中国京沪高铁网络面板数据，检验了高铁网络对城市制造业集聚的影响及路径。研究发现总体而言，高铁显著提高了高铁城市的制造业集聚水平，但高铁的集聚效应与市场潜力呈倒 U 型关系，也即高铁的集聚效应在一定的市场阈值范围内，超过阈值时制造业集聚的效应则为负值，也即变成分散效应。其研究还发现不同地区高铁的集聚效应并不相同，二线城市高铁的集聚效应要比主要城市更为显著。戴学珍等（2018）以京沪高铁沿线城市为的 19 个行业为研究对象，考察了高铁对沿线产业集聚的影响，其研究发现随着高铁的开通，沿线城市的市场潜力有不同程度的提高，不同细分行业的区位熵发生了很大的变化，高铁的开通对沿线城市的 11 个细分行业产生了较为明显的集聚效应，而对无站点城市的 13 个细分行业产生了分化效应。

国内文献方面，王鹏和李彦（2018）利用双重差分法，估计了高铁对城市群经济集聚演变的影响，发现高铁建设有助于城市群集聚经济梯度效应的实现，整体上看高铁促进了长三角城市群制造业的扩散和生产性服务业集聚。李雪松和孙博文（2017）以京广高铁沿线城市为样本，在构建内生运输成本和工资对制造业集聚决定模型基础上，分析了高铁开通对站点城市制造业集聚的影响，其研究发现高铁开通对站点城市制造业集聚效应将逐渐经历集聚加速、集聚弱化以及扩散阶段，高铁开通普遍提高了站点城市制造业集聚水平，对中心城市制造业集聚的影响处于集聚弱化阶段，而对非中心城市的影响处于集聚加速阶段。卢福财和詹先志（2017）的研究发现开通高铁对于工业企业集聚程度的提高具有显著的拉动作用，这种拉动作用会随着高铁数量的增加而加强，高铁对于人口规模小于 50 万人城市制造业集聚影响最为显著。从现有的国内外研究文献来看，对于高铁是否促进了制造业集聚，以及高铁促进了制造业在中心城市还是沿线非中心城市集聚，还仍然存在争议。

2.4　文献评述

本章节先后梳理和归纳了有关制造业集聚的驱动因素、高铁的经济效应以及高铁与制造业集聚关系等相关研究文献。从国内外研究文献来看，目前有关制造业集聚的解释基本是建立在产业区位论、古典贸易理论、新贸易理论和新经济地理学理论基础之上。制造业集聚的驱动因素是多元的，不同理论给出了不同的解释。近年来的研究文献更多的是从新经济地理学理论中寻找制造业集聚的动因，通过修正新经济地理学的假设，结合经验研究推动制造业集聚相关理论的发展。而目前有关高铁经济效应的研究主要则主要集中在两方面：一是评估高铁的增长效应，如考察高铁对沿线地区经济增长、就业和人口增长以及城市规模扩张等方面的影响；二是探讨高铁的空间重构效应，这方面主要通过对比高铁开通前后沿线城市和非沿线城市、沿线中心城市和非中心城市产值、就业、人口、城市规模和集聚经济的变化来考察高铁的空间重构效应。国内有关高铁经济效应的研究是在 2008 年后高铁大规模开通后兴起的研究热潮。从客观上看，有关高铁经济效应的研究还处于初步阶段，虽然研究文献呈快速增长势头，但目前多数研究仅停留于验证开通高铁的经济效应，对于高铁影响经济活动的机制则缺乏深入的考察。另外，目前对于高铁经济效应的研究多集中在宏观层面，而对于中观的产业活动和微观的企业活动影响研究则明显不足。

随着高铁这一新兴交通基础设施在全世界的兴起，高铁是否会重塑一国内部的产业地理，引起了学者的关注，但目前这方面的研究仍然较少，虽然一些研究文献对高铁带来的产业空间分布效应进行验证，但仍然存在争议。目前国内有关高铁影响中国产业空间分布的研究文献多是建立在新经济地理学研究框架上，主要从工资、市场潜力、要素流动等传统因素考察高铁影响产业区位的机制。比较遗憾的是，新经济地理学并没有将制度纳入其分析框架中，然而，对于中国这样一个转型国家而言，考察高铁对产业空间分布的影响，却忽略中国独有的制度特征是欠妥的，本书认为应该将高铁的经济效应研究置于中国具体的制度背景之下，从中国的制度背景出发，探讨高铁影响制造业空间集聚的机制可能更为合适。

虽然近一两年来有关高铁经济的研究文献日益增多，研究范畴已细化至产业层面，也有部分文献考察了高铁开通对制造业空间分布的影响，但这些文献有的仅就高铁与产业空间分布的关系进行量化分析，并没有分析其影响机制，部分文献在分析和检验高铁影响制造业区位的机制方面，也主要从市场潜力、要素流动等角度切入，这些文献为研究高铁建设的产业分布效应提供了经验证据，也为本书的研究提供了基础。但从客观上看，目前文献对于高铁如何影响制造业集聚以及通过何种机制影响制造业集聚的探讨还很不足，本书的研究则在一定程度上弥补了现有文献的不足。本书分别在省域制造业行业集聚层面和城市制造业集聚层面对高铁影响制造业空间集聚的效应进行量化分析。在中国制度背景下，构建了高铁影响制造业空间集聚的理论机制，进而运用中国制造业企业加总数据，匹配以城市面板数据对理论机制进行验证，较为深入地考察和论证了高铁在中国制造业空间重构中的地位及其作用机制，丰富了该领域的研究。

| 第3章 |

高铁影响制造业空间集聚的理论机制

上一章，我们回顾了制造业集聚驱动因素以及高铁经济效应的相关研究文献，这一章节我们从要素价格和制度环境两个方面，探讨高铁影响制造业空间集聚的理论机制，但任何经济现象的研究，均必须基于既定的事实展开，只有对所研究的经济现象及演变特征有直观的了解才能进一步洞察隐藏在经济现象背后的深层次动因。基于这种考虑，在这一章中，先对高铁发展背景下的中国制造业空间集聚演变进行细致描述，概括其典型的特征事实，在此基础上，通过理论建模分析高铁影响制造业空间集聚的理论机制。

3.1 高铁影响制造业空间集聚的特征事实

3.1.1 高铁发展历程的简要回顾

2004 年国务院审议批准了《中长期铁路网规划》（以下简称《规划》），提出到 2020 年，全国铁路营业里程达到 10 万公里，建立省会城市及大城市间的快速客运通道，建成"四纵四横"快速铁路客运通道以及三个城市快速客运系统。作为中国高速铁路建设的纲领性文件，该《规划》指导了中国的高铁建设。2007 年 4 月 18 日，时速 200 公里的"和谐号"动车组列车（D460）从上海驶往苏州，拉开了中国高铁通车的序幕，2008 年 8 月 1 日设计时速达 350 公里/小时的京津城际高速铁路正式通车运营，北京和天津两大中心城市旅行时间由原来的 2 个小时缩短至 30 分钟，初步形成了京津两地半小时经济圈。2008 年 10 月，根据经济社会发展需要，国务院批准的《中长期铁路网规划（2008 年调整）》提出，到 2020 年，全国铁路里程达到 12 万公里以上，复线率和电化率分别达到 50% 和 60% 以上，重点规划"四纵四横"等客运专线以及经济发达和人口稠密地区城际客运系统。为更好地满足经济社会建设需要和完善全国铁路网络，国家发展改革委员会在 2004 年和 2008 年《中长期铁路网规划》内容基础上，对铁路规划进行了新的调整，2016 年 6 月国务院通过了新修订的《中长期铁路网规划》，提出在原来"四纵四横"高速铁路基础上，形成以"八纵八横"主通道为骨架、区域连接线衔接、城际铁路补充的高速铁路网。

我们利用《极品列车时刻表》查询了 2013 年中国 344 个城市的高铁站点情况，并查阅《中国交通地图册》的高铁线路图信息①，可以看出，2013 年中国高铁的网络框架已初步形成。高铁客运专线已由 2008 年时的京津城际客运专线、合宁客运专线、胶济客运专线等少数几条高铁客运专线，初步发展成"联接南北，贯通东西"的高铁网络。

表 3 - 1 列出了 2008 ~ 2013 年开通的高铁线路情况，可以看出，2008 ~ 2013 年开通的高铁客运专线日益增多。具体来看，2008 ~ 2009 年合宁客运专线、京津城际铁路、胶济客运专线先后建成通车；2009 ~ 2010 年相继开通了石太客运专线、合武快速铁路、甬台温铁路、温福铁路、武广客运专线等高铁线，2010 年后又相继开通了郑西客运专线、福厦铁路、成灌城际铁路、沪宁城际高速铁路、昌九城际铁路、沪昆高铁沪杭段等几十条高铁客运专线。这些高铁客运专线连接了中国的主要城市，极大节约了全国各城市间的旅行时间，为城市间的经济活动和人员往来提供了极大的便利。

表 3 - 1	2008 ~ 2013 年中国高铁线路开通情况
开通时间	开通线路
2008 ~ 2009 年	合宁客运专线；京津城际铁路；胶济客运专线
2009 ~ 2010 年	石太客运专线；合武快速铁路；甬台温铁路；温福铁路；武广客运专线
2010 ~ 2011 年	郑西客运专线；福厦铁路；成灌城际铁路；沪宁城际高速铁路；昌九城际铁路；沪昆高铁沪杭段；海南东环铁路
2011 ~ 2012 年	长吉城际铁路；京沪高铁；广深港高铁广深段
2012 ~ 2013 年	汉宜铁路；龙厦铁路；石武高铁郑武段；合蚌客运专线；哈大客运专线；京石客运专线；石武高铁石郑段；遂渝铁路二线；广珠城轨

---

① 天域北斗数码科技有限公司. 中国交通地图册 [M]. 北京：中国地图出版社，2017：1.

开通时间	开通线路
2013～2014 年	宁杭客运专线；杭甬客运专线；盘营客运专线；昌福铁路（原向莆铁路）；津秦客运专线；衡柳铁路；西宝客运专线；茂湛快速铁路；武威城际铁路；渝利铁路；深厦铁路；广西沿海城际铁路钦北段；广西沿海城际铁路钦防段；广西沿海城际铁路南钦段；柳南城际铁路

资料来源：国家铁路局官网（http：//www.nra.gov.cn）。

3.1.2　高铁发展与制造业集聚整体趋向

从高铁发展历程可以看出，中国高铁的出现是在 2007 年后，且随着时间的推移，中国高铁已从最初的少数几条客运专线，逐步发展成"连接南北，横贯东西"的高铁网络，那么高铁网络逐步完善的同时，中国制造业集聚趋向呈现何种特征呢？这部分本书从制造业产业集聚的角度出发，分别基于二位数行业、三位数行业和四位数行业维度，采用 EG 指数方法测算高铁出现前后中国制造业在市级层面的集聚程度，对制造业产业集聚演变进行刻画。本书测度制造业产业集聚程度的 EG 指数公式如下：

$$EG_i = \frac{\sum_{i=1}^{M}(s_i - x_i)^2 - \left(1 - \sum_{i=1}^{M} x_i\right)\sum_{j=1}^{N} z_j}{\left(1 - \sum_{i=1}^{M} x_i^2\right)\left(1 - \sum_{j}^{N} z_j^2\right)} \qquad (3-1)$$

其中，M 为区域个数；s_i 为第 i 个区域中某行业就业人数占该行业总就业人数的比重；x_i 为第 i 个区域中所有行业就业人数占整个地区的所有行业就业人数比重，代表总体集聚程度，反映某行业相对于全体行业地理分布的偏离程度；N 为企业个数；z_j 为第 j 个企业就业人数占该行业所有就业人数比重，主要用于计算赫芬达尔指数，反映企业的规模分布情况。可以将式（3-1）改写成如下形式：

$$EG_i = \frac{G_{EG} - H}{1 - H} = \frac{\left[\sum_i (s_i - x_i)^2 \Big/ \left(1 - \sum_{i=1} x_i^2\right)\right] - H}{1 - H} \qquad (3-2)$$

其中，$G_{EG} = \dfrac{\sum_i (s_i - x_i)^2}{\left(1 - \sum_{i=1} x_i^2\right)}$ 为产业总体地理集中度，分子 $\sum_i (s_i - x_i)^2$

为空间基尼系数（$Gini$），$H = \sum_{j=1}^{N} z_j^2$ 为赫芬达尔指数。

区别于以往多数文献根据《中国统计年鉴》《中国区域经济统计年鉴》《城市经济统计年鉴》，从省级层面分析各制造业行业的空间分布特征，或者从市级层面上仅在整体上测度制造业整体空间集聚的做法，本章利用 2003～2013 年中国工业企业数据库制造业微观企业数据，从二位数至四位数行业维度，对高铁出现前后制造业在市级层面的集聚程度进行测度和分析①。在利用工业企业数据库微观企业数据测算制造业不同行业维度的 EG 指数之前必须做两方面的工作：一是统一行业代码。本节选取的样本时间段为 2003～2013 年共 11 年数据，在样本考察期内 2003～2012 年工业企业数据库行业分类采用的是 2002 年版的国民经济行业分类（GB/T 4754—2002），但在 2013 年工业企业数据库行业分类发生了变化，采用的是 2011 年版的国民经济行业分类（GB/T 4754—2011），为了使行业数据在 2003～2013 年具备连续性和可比性，我们参考文东伟和冼国明（2014）的做法按照行业代码的中文名称、说明及具体指代的行业内容，将 2002 年版的国民经济行业分类（GB/T 4754—2002）和 2011 年版的国民经济行业分类（GB/T 4754—2011）进行合并转换，统一行业分类。二是统一地区代码。在利用工业企业数据库制造业企业数据测算分行业的集聚指数过程中，除了明确行业类别和所考察的行业个数外，也要明确所考察的行政单元的层次和类别，由于工业企业数据库中一些年份企业分布的城市数和城市代码并不一致，且针对 2003～2013 年个别地级城市行政区划代码出现变更，导致行政代码不匹配问题，通过查询中国民政部每年公布的县级以上行政区划代码进行调整匹配和必要的删除，保证了整个考察期所考察区域行政区划个数及行政代码的一致性。经过行业代码和地区代码的调整、合并和匹配步骤，本部分研究区域包括 313 个地级以上行政单位，研究的行业类别包括了 27 个制造业二位数行业、126 个三位数行业和

① 本书之所以选择 2003～2013 年作为研究的时间段，一方面是因为从行业分类来看，2003 年之前中国工业企业数据库采用的是 1994 年版国民经济行业分类（GB/T 4754—1994），2003～2012 年采用的是 2002 年版的国民经济行业分类（GB/T 4754—2002），2013 年采用 2011 年版国民经济行业分类（GB/T 4754—2011），将考察时限延伸至 2003 年以前，会再次面临行业代码的合并和匹配，意味着将失去更多的样本，基于本书的研究目的，并未将数据延伸至 2003 年以前的年份；另一方面是限于数据可得性考虑，2013 年是作者能够获得的最新微观制造业企业数据。

360个四位数行业。中国工业企业数据库统计对象是全国国有及规模以上的非国有工业企业，虽然在2011年统计口径存在变化，但EG指数是一类相对数，原始数据口径的变动对于该指数的统计含义并不会产生实质性影响。

1. 制造业行业平均集聚程度演变态势

根据前面的公式（3-2），通过R软件编程EG指数的具体算法，运用R统计软件，测度不同行业维度下，制造业分行业的EG指数。为了描述中国制造业整体集聚程度及演变趋势，本书借鉴罗森塔尔和斯特兰布（2001）、文东伟和冼国明（2014）的做法，采用行业集聚指数求均值的方法，得到平均意义上的制造业集聚程度及演变趋势。图3-1展示的是2003~2013年基于二位数至四位数行业测算的制造业在市级层面的EG指数均值走势，可以看出，基于市级层面测算的EG指数均值走势在高铁出现前后经历了集聚强化到集聚弱化的过程。具体来看，无论是二位数行业、三位数行业还是四位数行业测算的EG指数均值走势，在2009年后均呈现了明显的下降趋势，说明高铁出现后中国制造业的行业平均集聚程度出现了逐年下降的特征。

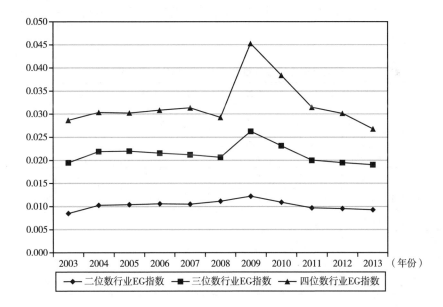

图3-1　2003~2013年制造业整体平均集聚程度及变化趋势

爱立森和格雷泽（1997）将产业集聚划分为三类：EG指数 > 0.05，则处于非常集聚的状态；0.02 < EG指数 < 0.05，处于有点集聚状态；EG指数 <

0.02，则处于不很集聚状态。从图 3-1 可以看出，2009 年是中国制造业从"集聚强化"到"集聚弱化"转变的一个重要时点，这部分按照爱立森和格雷泽（1997）的划分方法通过对比 2003 年、2009 年和 2013 年测算的 EG 指数处于不同区间的行业数量，对高铁出现前后制造业产业集聚变化特征进行描述。从表 3-2 可以看出，相比于 2003 年、2009 年有更多的行业位于"有点集聚"和"非常集聚"区间上，从四位数行业来看，2009 年位于非常集聚区间的行业数为 90 个，位于有点集聚的行业数为 156 个，而 2003 年位于非常集聚和有点集聚区间行业数分别为 47 个和 107 个，意味着有更多的行业处于有点集聚或非常集聚状态，集聚程度明显提高，从三位数行业和二位数行业来看，也呈现相似的特点。从 2013 年和 2009 年对比来看，2013 年位于有点集聚和非常集聚区间的行业数要明显地小于 2009 年，从四位数行业看，2013 年处于有点集聚和非常集聚区间上的行业数分别为 112 个和 46 个，而 2009 年对应的数值则分别为 156 个和 90 个，说明相比于 2009 年，2013 年处于有点集聚和非常集聚区间的行业数明显较少，制造业行业的集聚程度明显下降，有更多的行业处于不很集聚状态，从三位数和二位数行业来看，也呈现相似的特点。

表 3-2 　　　　　不同制造业行业维度测算 EG 指数分布区间情况

年份	集聚区间	二位数行业数（个）	三位数行业数（个）	四位数行业数（个）
2003	$EG < 0.02$	24	89	206
	$0.02 < EG < 0.05$	3	29	107
	$EG > 0.05$	0	8	47
2009	$EG < 0.02$	23	64	114
	$0.02 < EG < 0.05$	4	44	156
	$EG > 0.05$	0	18	90
2013	$EG < 0.02$	24	86	202
	$0.02 < EG < 0.05$	3	31	112
	$EG > 0.05$	0	9	46

2. 制造业分行业集聚演变态势

前面通过 EG 指数求均值的方法，对制造业集聚程度及演变趋势进行较为粗略的描述，但由于制造业各行业存在一定的异质性，不同制造业行业集聚特征及演变趋势可能并不一致,基于这点考虑,这部分对高铁出现前后制造业分行业集聚演变态势进行进一步分析。

(1) 基于二位数行业的考察。

表 3-3 报告了 2003 年、2009 年和 2013 年 27 个二位数行业在市级层面测算的 EG 指数值,从 2003 年来看,集聚程度最高的前 3 位行业分别为通信设备、计算机及其他电子设备制造业(38)、文教体育用品制造业(24)和皮革、毛皮、羽毛(绒)及其制品业(19),而最为分散的前 3 位行业为化学原料及化学制品制造业(26)、橡胶和塑料制品业(29)和专用设备制造业(35)。到 2009 年多数行业的 EG 指数要大于 2003 年,有 20 个行业 EG 指数相比于 2003 年有不同程度的上升,其中上升幅度最大的前 3 位行业包括化学纤维制造业(270.103%)、黑色金属冶炼及压延加工业(183.824%)和烟草制品业(178.182%),相比于 2003 年 EG 指数变小的行业有 6 个,其中纺织服装、鞋、帽制造业(18),印刷业和记录媒介的复制(23)以及专用设备制造业(35)等行业为下降幅度最大的前 3 位行业,下降幅度均在 10%以上,到 2013 年有 23 个行业的 EG 指数出现不同程度的下降,仅有 3 个行业的 EG 指数相较于 2009 年有不同程度上升。在 23 个 EG 指数下降的行业中,下降幅度超过 40%的有 11 个,下降幅度超过 10%的行业有 21 个,其中文教体育用品业(-71.967%)、黑色金属冶炼及压延加工业(-65.285%)、印刷业和记录媒介的复制(-59.574%)属于下降幅度最大的 3 个行业。可以看出,相比于 2009 年,2013 年有更多的行业处于不很集聚状态,集聚程度均出现较为明显的下降,说明高铁出现后中国多数制造业行业经历空间扩散的过程,产业集聚程度出现明显的下降。

表 3-3　　中国 27 个制造业行业在市级层面上集聚程度及变化情况

行业名称	行业代码	EG_{2003}	EG_{2009}	EG_{2013}	$EG_{2009} \sim EG_{2003}$	$EG_{2013} \sim EG_{2009}$	$\Delta EG_{2009-2003}/ EG_{2003}(\%)$	$\Delta EG_{2013-2009}/ EG_{2009}(\%)$
农副食品加工业	13	0.0094	0.0102	0.0081	0.0008	-0.0021	8.511	-20.588
食品制造业	14	0.0032	0.0053	0.0043	0.0021	-0.0010	65.625	-18.868
饮料制造业	15	0.0049	0.0116	0.0074	0.0067	-0.0042	136.735	-36.207
烟草制品业	16	0.0055	0.0153	0.0072	0.0098	-0.0081	178.182	-52.941

续表

行业名称	行业代码	EG_{2003}	EG_{2009}	EG_{2013}	$EG_{2009} \sim EG_{2003}$	$EG_{2013} \sim EG_{2009}$	$\Delta EG_{2009 \sim 2003}/EG_{2003}(\%)$	$\Delta EG_{2013 \sim 2009}/EG_{2009}(\%)$
纺织业	17	0.0051	0.0095	0.0097	0.0044	0.0002	86.275	2.105
纺织服装、鞋、帽制造业	18	0.0081	0.0057	0.0057	-0.0024	0.0000	-29.630	0.000
皮革、毛皮、羽毛（绒）及其制品业	19	0.0216	0.0314	0.0269	0.0098	-0.0045	45.370	-14.331
木材加工及木、竹子、藤、棕、草制品业	20	0.0120	0.0177	0.0187	0.0057	0.0010	47.500	5.650
家具制造业	21	0.0086	0.0096	0.0087	0.0010	-0.0009	11.628	-9.375
造纸及纸制品业	22	0.0034	0.003	0.0024	-0.0004	-0.0006	-11.765	-20.000
印刷业和记录媒介复制业	23	0.006	0.0047	0.0019	-0.0013	-0.0028	-21.667	-59.574
文教体育用品制造业	24	0.0267	0.0239	0.0067	-0.0028	-0.0172	-10.487	-71.967
石油加工、炼焦及核燃料加工业	25	0.0127	0.0152	0.0126	0.0025	-0.0026	19.685	-17.105
化学原料及化学制品制造业	26	0.0026	0.0043	0.0027	0.0017	-0.0016	65.385	-37.209
医药制造业	27	0.0044	0.0089	0.0051	0.0045	-0.0038	102.273	-42.697
化学纤维业	28	0.0097	0.0359	0.0426	0.0262	0.0067	270.103	18.663
橡胶和塑料制品业	29	0.0028	0.0044	0.0019	0.0016	-0.0025	57.143	-56.818
非金属矿物制品业	30	0.0054	0.0081	0.0048	0.0027	-0.0033	50.000	-40.741
黑色金属冶炼及压延加工业	31	0.0068	0.0193	0.0067	0.0125	-0.0126	183.824	-65.285
有色金属冶炼及压延加工业	32	0.0083	0.0091	0.0059	0.0008	-0.0032	9.639	-35.165
金属制品业	33	0.0037	0.0037	0.0022	0.0000	-0.0015	0.000	-40.541

行业名称	行业代码	EG_{2003}	EG_{2009}	EG_{2013}	$EG_{2009} \sim$ EG_{2003}	$EG_{2013} \sim$ EG_{2009}	$\Delta EG_{2009-2003} /$ EG_{2003}（%）	$\Delta EG_{2013-2009} /$ EG_{2009}（%）
通用设备制造业	34	0.0037	0.0053	0.0029	0.0016	-0.0024	43.243	-45.283
专用设备制造业	35	0.0029	0.0025	0.0018	-0.0004	-0.0007	-13.793	-28.000
交通运输设备制造业	36	0.0079	0.0115	0.0069	0.0036	-0.0046	45.570	-40.000
电气机械及器材制造业	37	0.0065	0.0068	0.0052	0.0003	-0.0016	4.615	-23.529
通信设备、计算机及其他电子设备制造业	38	0.0281	0.0382	0.0361	0.0101	-0.0021	35.943	-5.497
仪器仪表制造业	39	0.0098	0.0094	0.0058	-0.0004	-0.0036	-4.082	-38.298

注：表中行业代码为经过行业转换表调整后的代码，行业转换表见附录。

（2）基于三位数行业的考察。

由于本书考察的三位数制造业行业数有 126 个，限于篇幅无法全部列出 126 个三位数行业的 EG 指数[①]。这部分通过绘制各行业 EG 指数的频率分布图，对比不同年份在市级层面测算的 EG 指数在各区间上的分布情况。依然以 2003 年、2009 年和 2013 年作为比较的时间点，图 3-2、图 3-3 和图 3-4 为市级层面测度的 EG 指数在各区间上的频率分布。

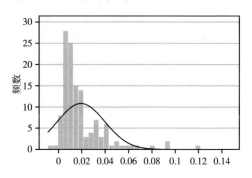

图 3-2　2003 年三位数制造业行业 EG 指数区间分布

---

① 三位数和四位数行业转换表，由于篇幅较大并未在附录中列示，备索。

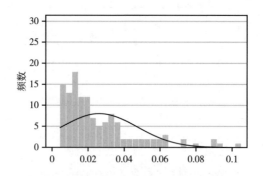

图 3 - 3   2009 年三位数制造业行业 EG 指数区间分布

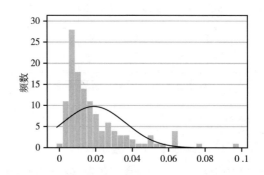

图 3 - 4   2013 年三位数制造业行业 EG 指数区间分布

从图 3 - 2 和图 3 - 3 对比来看，位于区间 0 ~ 0.02 的柱子高度，图 3 - 2 要明显高于图 3 - 3，说明 2009 年有更少的行业处于不很集聚状态（EG < 0.02），也即有更多行业位于有点集聚（0.02 < EG < 0.05）或非常集聚（EG > 0.05）的区间上，相对而言，2009 年多数行业集聚程度明显提高。图 3 - 4 为 2013 年市级三位数行业的区间分布情况。从分布于不很集聚区间的最高 3 个柱子来看，2013 年柱子高度要明显高于 2009 年最高的 3 个柱子高度，且较高的柱子多分布于 0 ~ 0.01 区间，可以看出 2013 年位于不很集聚区间上的行业数要明显的多于 2009 年。从 2009 年和 2013 年对比来看，2013 年行业的集聚程度明显降低。

（3）基于四位数行业的考察。

进一步将行业考察的维度细化至制造业四位数行业，本部分考察的四位数行业数为经过行业代码调整后的 360 个行业，限于篇幅这部分也采用与前

面类似的做法, 通过绘制制造业行业 EG 指数位于各区间上的频率分布图,
对各行业集聚程度的区间分布情况进行统计描述。

图 3 - 5 和图 3 - 6 分别展示了 2003 年、2009 年制造业四位数行业在市级
层面测算的 EG 指数区间分布情况, 从柱状图中, 可以看出相比于 2003 年,
2009 年有更多的行业分布于 0.05 右侧区间, 说明 2009 年有更多的行业处于
集聚程度较高状态。图 3 - 7 为 2013 年制造业四位数行业在市级层面测度的
EG 指数区间分布图, 可以看出相比于 2009 年, 2013 年有更多行业位于 0.05
左侧区间, 而位于 0.05 右侧区间上的制造业行业数明显减少, 这反映出相比
于 2009 年, 2013 年有更多的行业处于不很集聚和有点集聚状态, 而处于非
常集聚的行业明显减少。

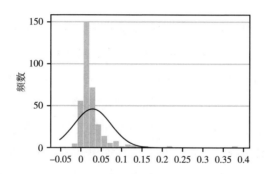

图 3 - 5　2003 年四位数制造业行业 EG 指数区间分布

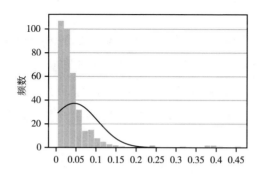

图 3 - 6　2009 年四位数制造业行业 EG 指数区间分布

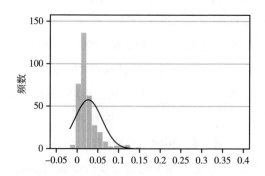

图 3 - 7　2013 年四位数制造业行业 EG 指数区间分布

3.1.3　高铁发展与制造业集聚地理格局

前面刻画了高铁出现前后中国制造业产业集聚的变化特征，我们发现高铁出现前后，中国制造业产业集聚呈现两种截然相反的演变趋势，2003 ~ 2009 年中国制造业产业集聚呈现集聚强化趋势，但是在 2009 年后制造业产业集聚趋于弱化，集聚程度逐年下降，呈现空间扩散特征，那么在高铁开通前后中国制造业集聚的地理格局又呈现怎样的变化特点呢？这部分从制造业集聚的地理格局角度切入，进一步刻画高铁出现前后中国制造业集聚地理格局的变化。一般而言，从市级层面上考察制造业集聚地理格局演变态势，较为常用的方法是计算各城市的制造业就业人数或产值、企业数等占全国份额变化来反映。

为了探究高铁出现前后中心城市制造业占比的演变特征，我们将所考察的 313 个城市划分为中心城市和外围城市，并逐年计算两类城市的制造业占比变化。图 3 - 8 为中心城市和外围城市制造业就业占比和企业占比的年度变化情况，可以看出 2008 年开始中心城市制造业就业数占比和企业数占比均出现更为明显的下降趋势。

从前面的分析中，我们发现高铁出现前后中国制造业整体集聚水平由趋于强化到趋于弱化转变，进一步分析发现高铁出现后位于高铁沿线的大多数城市制造业份额相比于 2009 年有较大程度提高，但从中心城市和外围城市制造业份额来看，在 2008 年后，也就是高铁出现后中心城市

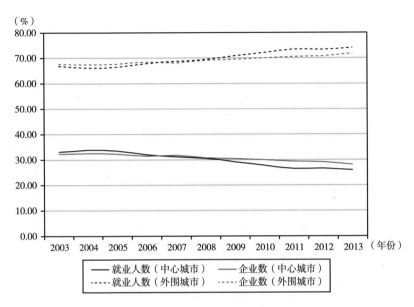

图 3 – 8　中心城市与外围城市制造业就业数、企业数的动态变化

资料来源：数据来源于 2003～2013 年中国工业企业数据库，经笔者加总整理得到。

制造业份额出现了更为明显的下降，而外围城市制造业份额则呈现更快的上升，那么是否意味着高铁网络的日益完善导致制造业由中心城市向沿线外围城市转移，而整体上降低了中国制造业的产业集聚水平呢？基于此，这部分进一步以外围城市为分析对象，按照外围城市是否开通高铁进行分组考察。具体地，以 2008 年开通高铁的 60 个城市作为处理组，以 2008 年未开通高铁的城市作为对照组，进行分组比较分析，为了剔除 2008 年后开通高铁城市的影响，我们对 2009～2013 年开通高铁的城市进行剔除。通过计算各年份开通高铁城市和未开通高铁城市的制造业就业密度，我们绘制了制造业就业密度平均走势图，如图 3 – 9 所示，可以看出相比于未开通高铁的城市，开通高铁的城市制造业就业密度有更明显的上升，特别是在 2009 年后有更大幅度的提高，也即高铁开通后制造业更多地在沿线外围城市集聚，那么这种集聚现象到底是高铁开通带来的高铁集聚效应，还是一种巧合，还需要经过严谨的实证分析才能进一步确认。

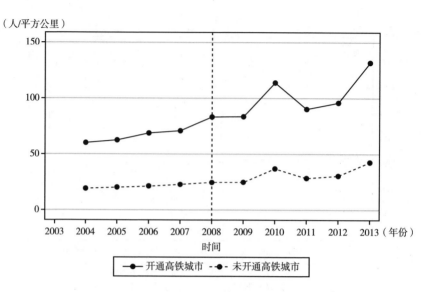

图 3 – 9   制造业就业密度平均走势

资料来源：数据来源于 2003 ~ 2013 年中国工业企业数据库，经笔者加总整理得到。

3.2   高铁影响制造业空间集聚的要素再配置效应

从国内外文献来看，目前对于高铁影响制造业集聚的机制研究，多数是在新经济地理学框架内，从运输成本（通勤成本）角度，探讨高铁影响制造业集聚的内在机制。如李雪松和孙博文（2017）通过构建内生运输成本与工资的产业集聚决定模型，分析高铁影响制造业集聚的理论机制，在此基础上利用京广高铁沿线城市数据对理论机制进行验证。孟等（2018）在新经济地理学框架下，假定劳动力运输和货物运输分别采用高铁和其他运输工具，劳动力和货物运输均遵循"冰山成本"形式，在此基础上构建了高铁的资源再配置效应模型，并以 2006 ~ 2014 年中国县级面板数据为基础，运用双重差分法对高铁的资源再配置效应进行验证。孙博文（2017）在新经济地理学模型的基础上，将市场潜力和制造业工资纳入高铁影响制造业集聚的理论模型中，分析高铁带来的运输成本节约如何通过市场潜力和制造业工资影响制造业集聚的机制，并运用中国京沪高铁沿线城市面板数据进行理论机制的验证。新经济地理学为高铁影响制造业空间集聚提供了理论基础。

　　制造业的集聚问题，从本质上看是产业资源的空间配置问题。市场机制在资源配置中起基础性作用，因此，已有的文献多是在市场机制中寻找制造业集聚动因。当前中国大城市要素价格不断攀升已成不争的事实。近年来，已有不少新闻报道，企业因中心城市地价和房价攀升，而将生产基地迁移至外围城市的案例[①]。一些研究则发现城市地价和工资上涨与高铁建设之间存在一定的联系，如王（2018）、周玉龙等（2018）发现高铁开通推高了城市地价水平，董艳梅等（2016）发现高铁开通对沿线城市工资水平有一定的影响。那么从微观机制来看，高铁是否会通过影响工资和地价等要素价格进而影响制造业的空间集聚呢？本小节从工资、地价等影响微观企业区位选择的市场机制角度切入，在雷丁和特纳（2015）构建的多区域空间经济模型基础上，结合拓展的企业选址模型，建立了高铁、要素价格和制造业区位三者之间的关系框架。

3.2.1　高铁与要素价格

1. 基本假设

　　一个经济系统由区位 i 和区位 n 构成，区位 i 为生产区域，分布着大量的制造业企业，这些企业生产和提供可贸易消费品。区位 n 为消费区域，分布着大量的代表性消费者（$\bar{L}$），这些消费者可以在非负效用的前提下提供具有弹性的单位劳动，且假定劳动力可以跨区域自由流动；每个区域的劳动力供给不仅取决于本地可供使用的人口数量（L_i），还取决于跨区域的通勤时间成本（ψ_n），通勤时间成本遵循克鲁格曼的"冰山成本"形式，也即对于区域 i 的每一单位潜在的劳动力供给，仅有 $1 - \psi_n$（$0 < 1 - \psi_n < 1$）比例可用于生产，有 ψ_n 比例的劳动力单位由通勤时间成本所消耗，通勤时间成本受到交通条件的限制。

2. 消费者

　　假定消费者有双重效用：第一层效用是指消费者把总支出按照不同比例支付在可贸易消费品和非流动性消费设施上（如住房）所获得的总效用；第

---

　　① 李莹：《深圳的房企吓跑企业华为"迁都"有 3 个城市可选择》，http：//news.hexun.com/2016－05/23/184010976html，2016－05－23.

二层效用是指消费者消费可贸易消费品时所获得的效用。第一层效用遵循柯布道格拉斯效用函数（C-D 效用函数）形式，可表示为：

$$U_n = C_n^{\alpha} H_n^{1-\alpha}, 0 \leqslant \alpha \leqslant 1 \tag{3-3}$$

其中，C_n 为消费者对可贸易消费品的消费量；H_n 为对非流动消费设施的消费量，本书将这种非流动消费设施假定为住房；α 为支出于可贸易产品的份额；$1-\alpha$ 为支出在非流动性消费设施，这里假定为在住房消费上的份额。

第二层含义上的效用是标准的不变替代弹性（CES）效用函数，表示为：

$$C_n = \left[\sum_{i \in N} M_i c_{ni}^{\frac{\sigma-1}{\sigma}} \right]^{\frac{\sigma}{1-\sigma}} \tag{3-4}$$

其中，σ 为产品间的替代弹性（$\sigma > 1$）；c_{ni} 表示在地区 i 生产，并在 n 地区消费的产品消费量；M_i 为消费品种类，假定区位 i 生产的消费品 M_i 会在区位 n 以相同比例 c_{ni} 消费掉。产品的运输也受到"冰山成本"的影响，为了使区位 i 生产的 1 单位产品到达区位 n，必须运输的数量为 $1 + \mu_{ni}$（$0 < u_{ni} < 1$），u_{ni} 为贸易成本，可贸易品消费量 c_{ni} 所对应的价格指数为：

$$P_n = \left[\sum_{i \in N} M_i p_{ni}^{1-\sigma} \right]^{1/(1-\sigma)} = \left[\sum_{i \in N} M_i \left[(1 + u_{ni}) p_i \right]^{1-\sigma} \right]^{1/(1-\sigma)} \tag{3-5}$$

在式（3-5）中，本书假设在区位 i 生产的产品面临相同的需求弹性，并且向区位 n 的消费者收取相同的均衡价格，即 $p_{ni} = (1 + u_{ni}) \times p_i$。

另外，基于消费者在住房方面的固定支出份额和住房的无弹性供给假设，住房的均衡价格完全取决于消费者分配在住房方面的支出份额（$1-\alpha$）、总收入（$v_n L_n$）和住房供应（$\overline{H}_n$），于是区位 n 的住房价格可表示为：

$$hp_n = \frac{(1 - \alpha) v_n L_n}{\overline{H}_n} \tag{3-6}$$

将谢泼德引理（Shephard's lemma）应用于可贸易品价格指数，那么 n 地区对 i 地区的可贸易产品的均衡需求为：

$$x_{ni} = p_i^{-\sigma} (1 + u_{ni})^{1-\sigma} (\alpha v_n L_n) (P_n)^{\sigma-1} \tag{3-7}$$

3. 生产者

可贸易消费品的生产成本由固定成本和可变成本构成。假设每种产品的成本函数相同，那么地区 i 的总劳动需求数量 l_i，由地区 i 所生产的产品数量决定：

$$l_i = F + \frac{x_i}{A_i'} \tag{3-8}$$

其中，l_i 为总劳动需求，F 为固定成本（$F>0$），A_i' 为生产率，假定生产率在各地区间是变化的。

利润最大化意味着均衡价格是边际成本的固定加成：

$$P_{ni} = \left(\frac{\sigma}{\sigma-1}\right)\frac{(1+u_{ni})w_i}{A_i} \tag{3-9}$$

结合利润最大化条件和零利润假设，每种产品的均衡产出等于以下常数：

$$\bar{x} = x_i = \sum_n x_{in} = A_i F(\sigma-1) \tag{3-10}$$

4. 通勤时间成本与要素价格

在所有市场需求和贸易成本给定的条件下，每个地区企业生产的可贸易产品价格必须足够低，以便售出等于均衡产出 $\bar{x}$ 的产品，并弥补企业的固定成本。基于以上可贸易产品需求公式（3-7）、利润最大化对应的均衡价格表达式（3-9）和均衡产出式（3-10），可以得到可贸易品的均衡工资表达式：

$$\left(\frac{\sigma}{\sigma-1}\frac{w_i}{A_i}\right)^{\sigma} = \frac{1}{x_i}\sum_{n\in N}(\alpha\nu_n L_n)(P_n)^{\sigma-1}(1+\mu_{ni})^{1-\sigma} \tag{3-11}$$

由于总收入由劳动收入和在住房方面支出两部分构成，为了便于分析，假定总收入在所有的居民中重新分配，那么有：

$$\nu_n L_n = w_n(1-\psi_n)L_n + (1-\alpha)\nu_n L_n = \frac{w_n(1-\psi_n)L_n}{\alpha} \tag{3-12}$$

于是有：

$$\alpha\nu_n L_n = w_n(1-\psi_n)L_n \tag{3-13}$$

将式（3-13）代入式（3-11）可以得到：

$$\left(\frac{\sigma}{\sigma-1}\frac{w_i}{A_i}\right)^{\sigma} = \frac{1}{x_i}\sum_{n\in N}[w_n(1-\psi_n)L_n](P_n)^{\sigma-1}(1+\mu_{ni})^{1-\sigma} \tag{3-14}$$

由式（3-12）可以看出，由于存在通勤时间成本，区位 i 只有比例为 $1-\psi_n$ 的劳动力可供使用，因此，总的劳动收入等于每单位有效劳动工资 (w_n) 乘以有效劳动量 $(1-\psi_n)L_n$。在式（3-14）的等式右边，市场 n 对 i 地区可贸易消费品的需求依赖于对可贸易消费品的总支出：$\alpha v_n L_n = w_n(1-\psi_n)L_n$，可贸易品的价格指数 P_n 以及双边贸易成本 u_{ni}，是由式（3-14）可得到的可贸易品生产部门的工资决定的：

$$
\begin{aligned}
w_i &= \frac{\sigma-1}{\sigma}\left\{\frac{1}{x}\sum_{n\in N}\left[w_n(1-\psi_n)L_n\right](P_n)^{\sigma-1}(1+u_{ni})^{1-\sigma}\right\}^{1/\sigma}A_i\\
&= \frac{\sigma-1}{\sigma}\left[\frac{1}{A_iF(\sigma-1)}\right]^{1/\sigma}A_i\left\{\sum_{n\in N}\left[w_n(1-\psi_n)L_n\right](P_n)^{\sigma-1}(1+\mu_{ni})^{1-\sigma}\right\}^{1/\sigma}\\
&= \frac{\sigma-1}{\sigma}\left[A_iF(\sigma-1)\right]^{-1/\sigma}A_i\left\{\sum_{n\in N}\left[w_n(1-\psi_n)L_n\right](P_n)^{\sigma-1}(1+\mu_{ni})^{1-\sigma}\right\}^{1/\sigma}\\
&= \frac{\sigma-1}{\sigma}A_i^{\frac{\sigma-1}{\sigma}}\left[F(\sigma-1)\right]^{-1/\sigma}\left\{\sum_{n\in N}\left[w_n(1-\psi_n)L_n\right](P_n)^{\sigma-1}(1+\mu_{ni})^{1-\sigma}\right\}^{1/\sigma}
\end{aligned}
$$

$$(3-15)$$

可以看出，生产区域 i 的可贸易产品生产部门的工资主要取决于生产区域 i 的生产率水平，以及消费区域 n 的总劳动收入、可贸易品价格指数和双边贸易成本。利用式（3-15）w_i 对 ψ_n 求偏导数，得到：

$$
\frac{\partial w_i}{\partial \psi_n} = -\frac{1}{\sigma^2}A_i^{\frac{\sigma-1}{\sigma}}L_nP_n^{\sigma-1}(\sigma-1)\left[F(\sigma-1)\right]^{-\frac{1}{\sigma}}*
$$

$$
(1+u_{ni})^{1-\sigma}w_n\left(\sum_{n\in N}L_nP_n^{(\sigma-1)}(1-\psi_n)(1+u_{ni})^{1-\sigma}w_n\right)^{\frac{1}{\sigma}-1} < 0
$$

$$(3-16)$$

可以看出，通勤时间成本的上升不利于工资水平的提高，而高铁开通改善了通勤条件，节约了通勤时间成本 (ψ_n)，有利于提高区域 i 的制造业工资水平。

进一步假设土地价格为住房价格的一个固定比例 ρ，那么土地市场中土地价格为：

$$
LP_n = \rho\frac{1-\alpha}{\alpha}\frac{w_n(1-\psi_n)L_n}{\bar{H}_n} \qquad (3-17)
$$

利用式（3 - 17）的 LP_n 对通勤时间成本 ψ_n 求偏导数，得到：

$$\frac{\partial LP_n}{\partial \psi_n} = -\frac{(1 - \alpha)\rho L_n w_n}{\alpha \overline{H}_n} < 0 \qquad (3 - 18)$$

这意味着，通勤时间成本节约也对应着更高的土地价格。基于此这部分提出本书的第一个理论假说：

假说 1：高铁开通带来的通勤时间成本节约，将有助于促进沿线城市的工资和地价上涨。

3. 2. 2 高铁、要素价格与制造业企业区位

前面基于雷丁和特纳（Reding and Turner，2015）的多区域空间模型，推导得出高铁带来的通勤时间成本节约，将推动要素价格上涨的理论假设，那么要素价格上涨对制造业企业的区位到底会产生何种影响。这部分进一步通过构建拓展的企业选址模型，分析通勤时间成本节约推动的地价、工资上涨可能对制造业企业区位选择的影响。

假定企业在进行区位选择时，会依据其利润最大化的企业目标进行，为了便于分析，本书将代表性可贸易消费品生产企业利润函数表示为如下形式：

$$\pi = (1 - \varphi)p_i Q - C(\gamma, w, A, L, Q) \qquad (3 - 19)$$

其中，φ 为税率，p_i 为产品价格，Q 为产量，γ 为土地价格，w 为工资，L 为劳动力。A 为生产技术水平，工资（w）和土地价格（γ）受到通勤时间成本 ψ_n 的影响，也即有 $w = w(\psi_n)$，$\gamma = \gamma(\psi_n)$，在前面的理论推导中，我们已得出通勤成本的节约会推动城市工资和地价上涨的理论假设。假定企业的生产成本为柯布道格拉斯函数形式，于是有：

$$C(\gamma, w, A, L, Q) = \lambda \gamma^\theta w^\beta Q^\tau \qquad (3 - 20)$$

其中，λ 为影响企业生产成本的其他因素，这里假定 $\tau > 1$，也即生产成本满足边际成本递增，将式（3 - 20）代入式（3 - 19），并对产量 Q 求导，令 $\partial \pi / \partial Q = 0$，可以得到最大化利润下的产出：

$$Q^{\tau-1} = \left[\frac{(1 - \varphi)p_i}{\tau \lambda \gamma^\varphi w^\beta} \right] \qquad (3 - 21)$$

假定生产函数满足规模报酬不变，将式（3-21）代入 C-D 生产函数：

$$\left[\frac{(1-\varphi)p_i}{\tau\lambda\gamma^{\varphi}w^{\beta}}\right] = (AK^{\alpha}L^{1-\alpha})^{\tau-1} \tag{3-22}$$

由式（3-22）可以求出生产中资本的投入量：

$$\left[\frac{(1-\varphi)p_i}{\tau\lambda\gamma^{\varphi}w^{\beta}}\right] = (AK^{\alpha}L^{1-\alpha})^{\tau-1} \Rightarrow \left[\frac{(1-\varphi)p_i}{\tau\lambda\gamma^{\varphi}w^{\beta}}\right]^{\frac{1}{\tau-1}} = AK^{\alpha}L^{1-\alpha}$$

$$\Rightarrow K = \left\{A^{-1}L^{\alpha-1}\left[\frac{(1-\varphi)p_i}{\tau\lambda\gamma^{\varphi}w^{\beta}}\right]^{\frac{1}{\tau-1}}\right\}^{\frac{1}{\alpha}} \tag{3-23}$$

企业在生产区域 i 的资本流量和存量之间满足以下关系：

$$K = (1-\sigma)K_{i,t-1} + K_{i,t} \tag{3-24}$$

其中，σ 为资本折旧率，由此，可以得到企业对生产区域 i 的投资流量为：

$$K_{it} = \left\{A^{-1}L^{\alpha-1}\left[\frac{(1-\varphi)p_i}{\tau\lambda\gamma^{\varphi}w^{\beta}}\right]^{\frac{1}{(\tau-1)}}\right\}^{\frac{1}{\alpha}} - (1-\sigma)K_{i,t-1}$$

$$= \theta_{i,t}\left[\frac{(1-\varphi)p_i}{\tau\lambda\gamma^{\varphi}w^{\beta}}\right]^{\eta} - (1-\sigma)K_{i,t-1} \tag{3-25}$$

其中，$\theta_{i,t} = A^{-\frac{1}{\alpha}}L^{\frac{\alpha-1}{\alpha}}$，$\eta = \frac{1}{\alpha(\tau-1)}$。

对式（3-25）中的地价（γ）和工资（w）求偏导数可以得到：

$$\frac{\partial K_{it}}{\partial w} = -\beta\eta\theta_{i,t}\left[\frac{(1-\varphi)p_i}{\tau\lambda\gamma^{\theta}}\right]^{\eta}w^{-\beta\eta-1} < 0 \tag{3-26}$$

$$\frac{\partial K_{it}}{\partial \gamma} = -\varphi\eta\gamma^{-\varphi\eta-1}\theta_{i,t}\left[\frac{(1-\varphi)p_i}{\tau\lambda w^{\beta}}\right]^{\eta} < 0 \tag{3-27}$$

以上推导中，将工资和地价同时纳入生产成本函数中，可以看出，当假定其他条件不变的情况下，工资和地价的上升会抑制企业在区域 i 的投资流量，也即不利于制造业企业在该地区集聚。工资上涨抑制了区域 i 企业投资流入，是因为工资提高增加了企业的生产经营成本，进而抑制了企业迁移于此的激励。然而，在中国的制度情境下，地价上涨对企业投资的影响，却并不一定如前面推导的那样，会抑制企业的投资，实际上前面的推导忽略了重要一点。在中国特色的土地管理制度下，政府对用地的管理和土地出让的严格限制，增强了土地的稀缺性，因此对于企业而言土地具有"生产品"属性的同时，也是一项优质的"投资品"，企业可以将土地作为一项资产"抵押品"抵押给银行，从而获得更多的银行贷款，以破解融资约束，进行规模上的扩张。另外，作为一项"投资品"，企业可以购买土地，通过土地价格上涨获得未来的土地溢价收益，因此，前面仅将地价作为一项成本纳入生产函数中显然是不妥当的，也应该将其纳入收益函数中。为了便于分析，本书进一步假定购买土地的未来收益会使企业生命周期内每单位产品的平均收益率增加 ξ，那么式（3-19）的利润函数可以改写为以下形式：

$$\pi = (1 - \varphi + \xi)p_i Q - C(\gamma, w, A, L, K) \tag{3-28}$$

对应的资本流量函数可以表示为：

$$
\begin{aligned}
K_{it} &= \left\{ A^{-1}L^{\alpha-1}\left[\frac{(1-\varphi+\xi)p_i}{\tau\lambda\gamma^\varphi w^\beta}\right]^{\frac{1}{\tau-1}}\right\}^{\frac{1}{\alpha}} - (1-\sigma)K_{i,t-1} \\
&= \theta_{i,t}\left[\frac{(1-\varphi+\xi)p_i}{\tau\lambda\gamma^\varphi w^\beta}\right]^\eta - (1-\sigma)K_{i,t-1} \tag{3-29}
\end{aligned}
$$

其中，$\theta_{i,t} = A^{-\frac{1}{\alpha}}L^{\frac{\alpha-1}{\alpha}}$，$\eta = \dfrac{1}{\alpha(\tau-1)}$。

利用 K_{it} 对 γ 和 ξ 求偏导数和二阶偏导数可以得到：

$$\frac{\partial K}{\partial \xi} = \eta\theta_{i,t}\left[\left(\frac{p_i}{\tau\lambda\gamma^\varphi w^\beta}\right)^{\frac{1}{(\tau-1)\alpha}}\right](1-\varphi+\xi)^{\eta-1} > 0 \tag{3-30}$$

$$\frac{\partial K_{it}}{\partial \gamma} = -\varphi\eta\gamma^{-\varphi\eta-1}\theta_{i,t}\left[\frac{(1-\varphi+\xi)p_i}{\tau\lambda w^\beta}\right]^\eta < 0 \tag{3-31}$$

$$\frac{\partial K_{it}}{\partial \gamma \partial \xi} = -\varphi\eta^2\gamma^{-\varphi\eta-1}\theta_{i,t}\left[\frac{p_i}{\tau\lambda w^\beta}\right]^\eta(1-\varphi+\xi)^{\eta-1} < 0 \tag{3-32}$$

式（3-30）表示当土地价格不变时，土地溢价收益增加将促进企业投资的增加；式（3-31）则表示而当土地溢价收益不变时，土地价格上升将抑制企业的投资；式（3-32）则表明土地价格上升对企业投资的负向影响会受到土地收益率的制约。因此，从上面理论模型推导中，我们不难推出，考虑土地的非生产性收益时，土地价格上涨对企业投资流量的影响，将取决于土地未来溢价收益和当期购买土地成本对企业收益影响大小。在地价属于较低的水平时，地价上涨对企业成本影响不大，而土地未来溢价收益则较大，因此，此时地价的一定程度上涨不仅不会对企业投资产生挤出效应，相反会促使企业流入，而当地价达到较高水平时，地价的继续上涨对生产成本影响较大，与此同时在地价处于较高水平时，也意味着未来溢价收益减少，而当地价未来溢价收益不能弥补当期购置成本，则会对企业投资流量产生抑制效应，也即抑制了企业在该地区的集聚。

基于以上的理论分析，我们进一步提出本节另外两个待检验假说：

假说2：高铁开通将推动沿线城市制造业工资上涨，并通过正向影响制造业工资水平而影响制造业在沿线城市集聚。

假说3：地价与制造业集聚之间并非简单的线性关系，而是一种非线性关系。当地价水平较低时，高铁能够通过推动地价上涨刺激企业的新增投资，吸引企业在本地集聚；而当地价处于较高水平时，高铁开通推动的地价上涨会抑制企业的新增投资，进而抑制制造业企业在本地集聚。

3.3 高铁影响制造业空间集聚的制度中介效应

3.3.1 高铁与制度环境

高铁通车带来的旅行时间的极大节约，缩短了外围城市和中心城市的时间距离，为中心城市和外围城市间的人员往来和信息传播提供了极大便利，舒适的乘车体验与便捷的出行方式，使跨城之间特别是沿线城市之间的人员往来和经济合作更为频繁和密切。从我国城市发展的历史现实来看，中心城市在制度环境方面要明显地优于外围城市，这种制度环境方面的比较优势，成为其吸引生产要素集聚的重要因素。而高铁开通则可能通过以下几种路径改善外围城市的制度质量，缩小高铁沿线外围城市与中心城市的制度质量差距。

一是信息溢出。信息溢出具有距离衰减特征，空间距离较近的城市之间，信息溢出通常更为明显（刘慧和綦建红，2018），也越容易促进城市间的知识交流与合作（吕国庆等，2014）。地理距离是阻碍城市间知识交流与合作的重要因素（梁琦等，2019）。而高铁的开通则有助于克服地理距离形成的城市间交流的天然障碍。高铁将中心城市和外围城市串联起来，极大压缩中心城市和外围城市的旅行时间，使高铁沿线的外围城市被纳入中心城市的一小时或半小时生活圈，扩大了中心城市的辐射范围，促进了沿线中心城市和外围城市间的人员往来和信息传播，强化了沿线城市之间的信息溢出。随着交流的日益频繁和深入，中心城市先进的正式规制、管理理念和市场化意识得到更快的传播，进而有助于沿线外围城市改善制度质量。部分研究提供了这方面的证据，如赵云和李雪梅（2015）的研究发现，高铁建设带来的交通可达性改善有助于促进地区间的知识溢出；董等（2018）的研究发现高铁网络会使知识扩散和想法的溢出达到更远的距离。

二是政府竞争。在财政分权制下，为争夺区域外流动性资源，增加本地财政收入，地方政府之间会展开激烈的竞争（王文剑等，2007）。与此同时，地方政府官员注重发展本地经济，并以此与其他地区官员展开升迁竞争（卞元超和白俊红，2017）。因此，为了更多地吸引投资，争夺区域外流动性资源和保护辖区优质资源，地方政府通常会通过税收激励、补贴和优化本地制度环境等多种经济和行政干预手段，来保护本地市场和吸引区域外资源流入（鄢波和王华，2018）。高铁网络带来的时空压缩效应极大消除了沿线城市之间在高铁开通前，由于地理阻隔形成的市场分割（范欣等，2017；陈宇峰和叶志鹏，2014），促进了劳动力、资本和技术等生产要素在城市之间重新配置，城市之间的竞争将变得更为激烈。在此背景下，为了获得区域外流动性资源，地方政府将更有动力通过改善营商环境、推进市场化进程、提高政府行政效率等制度性改革措施来提高自身的区位优势。而高铁开通为沿线外围城市改进地区制度环境提供了外部条件。高铁开通拉近了沿线中心城市和外围城市的时空距离，极大便利了沿线中心城市和外围城市政府间的交流与合作的开展。政府间频繁的交流与互动，有助于高铁沿线外围城市更快地模仿和学习中心城市较为先进的社会管理经验和制度设计，进而提高沿线外围城市的制度改革效率。高铁促进的沿线中心城市对外围城市的制度溢出，将提升沿线外围城市的制度质量，从而缩小了沿线外围城市与中心城市的制度质量差距。因此，高铁开通既能通过人员跨地区流动带来的信息溢出机制，提高沿线外围城市的制度质量，也能通过加剧城市之间竞争的倒逼机制提高沿线外围城市的制度质量。

3.3.2 制度环境与制造业集聚

制度提供了法律、经济和社会体制安排，决定了商业活动中的交易成本和协调成本以及创新活动的程度，因而在一个国家和地区经济发展中发挥着重要的作用。诺斯认为制度通过为人们提供日常生活规则来减少不确定性。人的有限理性使其在经济活动中不可避免地会出现机会主义和道德风险，而制度的作用在于，其界定并限制了人们选择的集合，通过建立一个人们互动的稳定结构来减少不确定性，并通过影响交换和生产成本来影响经济绩效。制度质量的好坏会对生产和交换产生重要影响，同样也影响着企业的区位（祁春凌和邹超，2013；王恕立和向姣姣，2015）。

良好的制度环境下，由于产权能够得到有效保护，政府能够为经济主体提供有效的信息，将极大降低企业生产和交换过程中的不确定性，减少企业的非生产性活动消耗，降低交易费用。有效的产权保护和较低的交易费用，会对企业的生产和交易活动产生较为明显的正向激励作用，使企业能够放心地进行生产投资和交易活动，而不必过多担心在生产性投资中遭遇政府"敲竹杠"的风险，以及交易过程中因对方企业"道德风险"行为带来的损失。相反地，如果缺乏有力的制度保障，企业产权得不到有效保护，那么企业的生产、投资和交易活动将面临诸多不确定性：从生产活动来看，在制度环境较差的地区，企业生产活动易受到政府官员的影响，企业不得不通过更多的非生产性活动来维持企业的正常运营，由此带来的隐性交易费用的增加，将给企业带来更多的成本压力；从交易活动来看，缺乏制度保障情况下，市场交易活动将由于交易双方的互不信任而很难进行，即使最终达成交易协定，在交易合约签订前后，企业都必须支付更多的搜寻成本、谈判成本和监督费用，来确保对方能够严格按照合约规定履行相应的责任和义务；从投资活动来看，缺乏有效的制度保障下，一旦企业与当地签订投资契约后，在契约不完全的情况下，很容易发生事后"敲竹杠"问题，此时，特别是对于需要大量固定资产投资的制造业企业而言，更容易遭遇政府的"敲竹杠"。基于利润最大化和成本最小化考虑，在控制了其他影响因素下，企业会优先选址于制度质量较高的城市。

虽然中国在主体经济制度上实行的是社会主义市场经济，但处于转型时期的中国，由于历史、地理和人文等方面的差异，国内各城市在制度质量方面仍然存在较大差异，一些城市处于制度前沿，具有较为完备的市场和法制环境，而有些城市则制度建设相对落后，制度环境仍有较大的提升空间，在此背景下，企业会基于其自身利润最大化和成本最小化考虑，优先选址于制度质量较好或制度环境持续改善的城市进行生产和投资活动。

3.3.3　高铁、制度环境与制造业集聚

从我国城市发展的历史现实来看，省会城市、计划单列市和副省级城市，要么属于省级行政中心，要么为改革开放前沿城市，在制度质量上要明显地优于外围城市，制度质量方面的比较优势成为其吸引生产要素集聚的重要因素。在高铁开通之前，传统交通条件无法提供中心城市与外围城市之间快捷运输方式，因而约束了中心城市与外围城市之间的经济合作和人员交流，使得中心城市对外围城市的信息溢出受到限制。开通高铁一方面，通过拉近城市之间的时空距离，提高了城市之间的地理近邻性，促进了城市之间的信息溢出，进而提高城市制度质量；另一方面，高铁加剧了沿线城市之间的竞争，竞争倒逼机制，促使沿线外围城市有动力通过改善制度环境，获取竞争优势。高铁开通则方便了沿线城市与中心城市政府之间的交流与合作，通过频繁的交流与合作开展，沿线外围城市更易于获得中心城市的制度溢出，从而有助于提高沿线外围城市的制度改革效率，改善外围城市的制度环境。而外围城市制度环境的改善，不仅有助于降低企业在生产和交换过程中所面临的不确定性和被地方政府"敲竹杠"的风险，同时也有助于企业节约搜寻成本、谈判成本和监督费用等交易费用。高铁沿线中心城市虽然处于制度前沿，但地价和土地等要素成本上升带来的"拥堵效应"，将促使企业重新面临区位选择，高铁开通提高了沿线外围城市的制度质量，缩小了外围城市和中心城市的制度质量差距，进而有助于促使制造业向沿线外围城市集聚。基于以上分析本节提出如下理论假设：

假说4：高铁开通有助于促进沿线外围城市制度质量提高。

假说5：高铁通过改善外围城市制度质量，缩短与制度前沿城市的制度差距而促进了制造业在沿线外围城市集聚。

| 第4章 |
高铁影响制造业空间集聚的量化分析

产业空间分布是微观企业区位选择的宏观体现，直接决定着就业和经济增长的空间格局，因此，产业空间布局特征及其影响因素一直以来是学术界关注的重要课题。2008 年后，随着中国高铁建设步伐逐步加快，越来越多的城市接入了高铁网络，截至 2017 年底，全国的高铁营业里程已达到 2.5 万公里。目前已基本建成"四纵四横"高速铁路网络。高铁网络带来的"时空压缩效应"，为生产要素的跨地区流动提供了极大的便利。然而，高铁发展到底是促进了制造业空间集聚，还是空间扩散？目前仍然存在较大争议。本书前面章节对高铁发展与制造业空间集聚进行特征事实描述，发现从行业集聚维度上看，高铁出现前后制造业行业的平均集聚程度由趋向集聚强化转变为趋向集聚弱化。而从制造业集聚地理格局来看，高铁出现后中心城市制造业份额出现更大幅度下降，同时外围城市制造业份额则出现更大幅度上升。对比外围城市中开通高铁和未开通高铁城市制造业就业密度变化态势，进一步发现，相比于未开通高铁的外围城市，开通高铁的外围城市其制造业就业密度有更大幅度的提高。那么制造业空间集聚演变是否与同时期的高铁开通有关？高铁是否已构成推动中国制造业空间重构的重要力量？这个问题的回答对于深刻理解我国制造业空间集聚演变的内在机制以及评估高铁发展对区域产业及经济增长影响方面，均具有十分重要的现实意义。本章从省域制造业行业集聚和城市制造业集聚双重视角，量化分析高铁对制造业空间集聚的影响。

4.1　高铁与省域制造业行业集聚

本小节主要从省域制造业行业集聚角度出发，量化分析高铁对省域制造业行业集聚的影响，主要目的是识别和验证高铁发展与制造业行业集聚演变之间的因果关系。为此，这一小节，本书测算了 2008～2013 年中国 30 个省份的 27 个行业 EG 指数，在此基础上，结合手工收集了各省份高铁列车日出行班次数据，以高铁日出行班次反映高铁服务提供强度，进而从高铁服务提供角度，考察高铁对省域制造业行业集聚的影响。

4.1.1　变量选择与数据说明

本小节被解释变量为制造业行业集聚程度，核心解释变量为高铁服务提供强度。为了减少遗漏变量可能带来的影响，根据新经济地理学理论和已有文献的研究，在模型中加入了产业组织集中度、资源和能源投入强度、企业平均规模等代表行业特征的变量以及城市化率和地方保护程度等反映省域特征的变量，各变量说明如下：

1. 被解释变量

采用埃里森和格拉泽（Ellison and Glaeser, 1997）提出的 EG 指数法，测度各省份制造业的行业集聚程度。基于稳健性考虑，这部分分别基于制造业就业数和产值指标测算了各省份县级层面的制造业行业集聚程度，并分别用 EG_JOB 和 EG_IND 表示[①]。具体测算公式为：

$$EG = \frac{\sum_{i=1}^{M}(s_i - x_i)^2 - \left(1 - \sum_{i=1}^{M}x_i^2\right)\sum_{j=1}^{N}z_j^2}{\left(1 - \sum_{i=1}^{M}x_i^2\right)\left(1 - \sum_{j=1}^{N}z_i^2\right)} \quad (4-1)$$

其中，M 为区域个数；s_i 为第 i 个区域中某行业就业人数（产值）占该行业总就业人数（总产值）的比重；x_i 为第 i 个区域中所有行业就业人数（产值）占整个地区的所有行业就业人数（产值）比重，代表总体集聚程度，反映某行业相对于全体行业地理分布的偏离程度。N 为企业个数；z_j 为第 j 个企业就业人数（产值）占该行业所有就业人数（产值）比重，主要用于计算赫芬达尔指数，反映企业的规模分布情况。可以将式（4-1）改写成：

---

① 考虑到以每个省份作为一个整体，测算市级层面的 EG 指数，可能会由于省份所辖市级行政区太少而无法客观地反映出制造业行业空间分布变化的特征，而每个省份所辖的县级行政区较多，可以比较客观和准确地反映制造业行业空间分布的变化。因此，本小节采取的研究策略是将空间尺度细化至县级层面，测算各省份在县级层面的行业 EG 指数，并将其作为被解释变量。

$$EG = \frac{G_{EG} - H}{1 - H} = \frac{\left[\sum_i (s_i - x_i)^2\right] \Big/ \left(1 - \sum_{i=1} x_i^2\right) - H}{1 - H} \quad (4-2)$$

其中，$G_{EG} = \dfrac{\sum_i (s_i - x_i)^2}{\left(1 - \sum_{i=1} x_i^2\right)}$ 为产业总体地理集中度，$H = \sum_{j=1}^{N} z_j^2$ 为赫芬达尔指数。

2. 核心解释变量

采用各省份高铁日出行班次作为衡量高铁服务提供强度的衡量指标，并用 HSR 表示。这部分并没有采用已有研究中较常出现的采用虚拟变量度量高铁服务的做法，而是采用高铁日出行班次这种连续变量作为高铁服务提供的衡量指标，优势是能够较为准确的度量高铁服务的边际影响，同时也可弥补以往研究中采用虚拟变量而无法刻画高铁服务强度差异的问题。陈和海恩斯（2017）、王等（2018）也采用了类似的方法。其中，王等（2018）以高铁开通率和列车服务频率作为高铁服务的衡量指标，在此基础上考察了高铁服务对商业用地市场的影响。

3. 控制变量

（1）资源和能源投入强度。对资源投入的依赖是影响资源型企业区位选择的重要因素，受到运输成本和交通条件限制，一些资源产业会更多地集聚于资源较为丰富的地区，如农副食品加工业通常接近于农产品资源较为丰富的地区，金属矿产加工业通常位于金属矿产较为丰富的地区。借鉴贺灿飞等（2007）的做法，采用农林牧渔产品投入占总投入比重反映行业的资源投入强度，采用煤炭采选产品和石油天然气开采产品投入占总投入比重来反映行业的能源投入强度，分别用 *Arg_INP* 和 *Eng_INP* 表示。

（2）产业组织集中程度。大企业往往贡献了更多的产值和就业。由于产业间的横向和纵向联系，大型企业周围往往集聚着众多规模较小的企业，这些企业可能作为大企业的配套产业存在；另一些企业则是为了共享大企业周围的配套设施服务、劳动力市场以及专业化服务而集聚于大企业周围，形成产业的地理集聚。因此，预期产业组织集中程度的提高有助于促进制造业集聚。采用赫芬达尔指数来衡量产业组织的集中程度，用 *H* 表示。

（3）企业规模。企业规模也是影响制造业集聚的因素，本书借鉴贺灿飞和朱晟君（2007）的做法用制造业行业的企业平均就业人数作为企业规模的替代变量，并用 *Size* 表示。

（4）城市化率。目前衡量一个地区的城市化水平，一般采用土地城市化率和人口城市化率指标，但相比于土地城市化率而言，人口城市化率更能反映一个地区的整体城市化水平，因此，采用城镇人口占所在省份常住人口比重作为地区城市化率的衡量指标，并用 URB 表示。陈曦等（2015）基于省区面板数据研究发现，城镇化与制造业集聚之间存在非线性的倒 U 型关系。

（5）地方保护。产业集聚的制度因素在以往研究中受到较多关注，如路江涌和陶志刚（2007）发现地方保护在很大程度上限制了制造业的区域集聚，而杨洪焦（2008）的研究也发现地方保护下降有利于产业集聚。本书借鉴陆铭和陈钊（2009）、徐宝昌和谢建国（2016）有关地区市场分割测算方法，选择食品类、油脂类、酒类、水产品、鞋帽、服装、化妆用品、日用品和燃料等 9 类产品作为市场分割的衡量产品。按照产品种类逐一测算相邻省份的产品相对价格，相对价格表达式为：

$$\Delta Q_{ijt} = \left| \ln(P_{i,t}^{k}/P_{i,t-1}^{k}) - \ln(P_{j,t}^{k}/P_{j,t-1}^{k}) \right| \tag{4-3}$$

其中，$P_{i,t}^{k}$ 表示 i 地区在 t 时期的 k 种产品价格指数，$P_{j,t}^{k}$ 表示与 i 地区相邻的 j 地区在 t 时期的 k 种产品价格指数。进一步，通过去除同年份该类产品的价格指数均值来消除产品种类效应的影响，相对价格表达式变为：

$$m_{ij,t}^{k} = \left| \Delta Q_{ij,t}^{k} \right| - \left| \Delta Q_{t}^{k} \right| \tag{4-4}$$

通过计算 $m_{ij,t}^{k}$ 价格变动的方差，可以得到 396（66×6 = 396）个观测值，将 66 对相邻省份的指数按照省份合并得到每个省份每年的市场分割指数。用市场分割指数作为地方保护的替代变量，并用 *PROT* 表示。

本节 EG 指数测度数据来源于中国工业企业数据库，该数据库包含了全国规模以上制造业企业数据，包含了企业所处的地区、所属行业以及每个企业的就业人数及其他企业财务数据，保留了每个企业的地区代码、行业代码和就业人数指标，选择 2008～2013 年作为本节的研究时段。选择该时段的主要原因一方面是从 2008 年开始，中国才真正意义上步入高铁时代，高铁网络也是在 2008 年后才逐步"由线成网"；另一方面，目前可获得的中国工业企业数据库最新数据仅到 2013 年，2013 年后数据获得难度较大，基于本书的研究目的，并考虑数据的可得性，最终选择 2008～2013 年作为考察时段。中国工业企业数据库数据统计口径在 2011 年发生了一次变更，但由于 EG 指数是一种相对指标，原始数据统计口径的变化并不会对 EG 指数的测度带来明显的影响。另外，中国工业企业数据库虽然样本量巨大、时间长、统计指标多，但也存在诸如企业信息有误、指标异常、行业代码缺失以及从业人员小于零或缺失的企业样本，在测算 EG 指数之前，剔除了地区代码缺失、行业代码缺失以及从业人数小于 10、工业总产值小于 0 或缺失的样本，剔除了工业企业数据中非制造业企业样本。为了使各年份的 EG 指数具备连续性和可比性，利用 2002 年版国民经济行业分类表（GB/T 4754—2002）和 2011 年版国民经济行业分类表（GB/T 4754—2011）对考察期制造业企业行业分类代码进行统一（见附录），最终本小节考察的行业数为调整后的 27 个二位数制造业行业。另外，通过查询中国国家民政部公布的历年年度县级以上行政区划代码表，将考察期各年度的县级行政代码进行统一。

高铁服务提供强度指标数据来源于 2008～2013 年铁道出版社、北京极品时刻科技有限公司出版的《极品列车时刻表》。通过输入城市站点名称，即可以获得铁路站点的所有车次、始发站、终点站、车辆类型、发站、发时、到站、里程、历时、软硬座价格等详细信息。基于《极品列车时刻表》我们构建了完整的高铁数据库，作为本书研究的数据基础。本书所指的高铁是以 G（高速列车）、D（动车组）和 C（城际列车）开头的铁路列车，在加总班次数据时，为避免重复计算导致的数据加总偏差，剔除了所有起始站、终点站、出发时间和到达时间均相同的列车班次。地方保护测算数据来源于各年度《中国物价年鉴》，资源和能源投入强度变量数据来源于 2007 年和 2012 年的《中国地区投入产出表》，其中考察期的前三年，也即 2008～2010 年本书采用 2007 年版《中国地区投入产出表》计算各行业的资源和能源投入强度，考察期的后三年，也即 2011～2013 年采用 2012 年版《中国地区投入产出表》计算各行业的资源和能源投入强度。城市化率变量数据来源于各省份的统计年鉴，其他数据均来源于 2008～2013 年中国工业企业数据库，由于西藏自治区行业数据不全，且缺失较为明显，因此在样本中剔除了西藏地区。另外，样书数据不包含港澳台地区。

表4-1和表4-2报告了各变量的描述性统计和相关系数。从相关系数矩阵可以看出，多数变量间的相关系数小于0.5，变量间多重共线性问题并不严重，并不会对实证结果产生较大的影响。

表4-1　　　　　　　　　　　　　各变量的统计性描述

变量	样本数	均值	标准差	最小值	中位数	最大值
EG_JOB	4325	0.0705	0.1140	0.0020	0.0298	0.7058
EG_IND	4780	0.1063	0.2207	-0.372	0.0413	1.3314
$\ln(HSR+1)$	4860	3.0816	2.3727	0.0000	3.6636	7.1507
H	4727	0.1129	0.2046	0.0004	0.0289	1.0000
Arg_INP	4857	0.0739	0.1208	0.0000	0.0106	0.4427
Eng_INP	4857	0.0339	0.1041	0.0000	0.0056	0.8874
$\ln Size$	4737	5.6871	0.6684	3.7728	5.6986	7.6304
URB	4860	0.5244	0.1362	0.3000	0.5000	0.8900
$PROT$	4860	0.0006	0.0004	0.0001	0.0005	0.0027

表4-2　　　　　　　　　　　　　各变量的相关系数矩阵

变量	EG_JOB	EG_IND	$\ln(HSR+1)$	H	Arg_INP	Eng_INP	$\ln Size$	URB	$PROT$
EG_JOB	1								
EG_IND	0.749 ***	1							
$\ln(HSR+1)$	-0.255 ***	-0.198 **	1						
H	0.539 ***	0.216 ***	-0.310 ***	1					
Arg_INP	-0.041 ***	-0.039 **	-0.064 ***	0.086 ***	1				
Eng_INP	0.079 ***	-0.029 **	-0.012	0.054 ***	-0.147 ***	1			
$\ln Size$	0.155 ***	0.033 **	0.057 ***	0.193 ***	0.039 ***	0.121 ***	1		
URB	-0.056 ***	-0.019	0.459 ***	-0.149 ***	-0.106 ***	-0.018	0.043 ***	1	
$PROT$	0.123 ***	0.115 ***	-0.373 ***	0.102 ***	-0.039 ***	-0.005	-0.061 ***	-0.02	1

4.1.2　计量模型的建立

为了考察高铁服务提供与省域制造业行业集聚之间的关系，参考已有研究文献的做法，这部分初步构建如下计量模型对高铁服务提供的制造业集聚效应进行估计：

$$EG\_JOB_{ij,t}(EG\_IND_{ij,t}) = \alpha + \beta_1 \times \ln(1 + HSR_{it}) + \beta_2 \times H_{ij,t} +$$
$$\beta_3 \times Arg\_INP_{ij,t} + \beta_4 \times Eng\_INP_{ij,t} +$$
$$\beta_5 \times \ln Size_{ij,t} + \beta_6 \times URB_{it} + \beta_7 \times PROT_{it} + \varepsilon_{ij,t}$$
$$(4-5)$$

其中，下标 i 表示地区，j 表示行业，t 表示时间，$EG\_JOB_{ij,t}$ 和 $EG\_IND_{ij,t}$ 分别表示以就业数测算的 EG 指数和以产值测算的 EG 指数，为本小节的被解释变量；$\ln(1 + HSR_{it})$ 为高铁服务提供的对数，之所以采用 $1 + HSR$ 取对数，是由于一些省份未开通高铁时，高铁服务提供强度为 0，为了便于取对数做如上处理。$H_{ij,t}$ 为赫芬达尔指数，$Arg\_INP_{ij,t}$ 为农林牧渔产品投入占总投入比重，$Eng\_INP_{ij,t}$ 为煤炭采选产品、石油和天然气开采产品占总投入比重，$\ln Size_{ij,t}$ 为企业平均规模的对数，URB_{it} 为城市化率，$PROT_{it}$ 为地方保护，ε_{ijt} 为随机误差项。陈曦等（2015）的研究认为城镇化与制造业集聚之间存在非线性的倒 U 型关系，我们通过画散点图也有类似的发现，因此，在计量模型（4-6）中进一步加入城市化率的二次项，同时，考虑可能存在的行业固定效应和时间固定效应，我们在计量模型中进一步加入了行业固定效应项和时间固定效应项，最终实证模型表示为如下形式：

$$EG\_JOB_{ij,t}(EG\_IND_{ij,t}) = \alpha + \beta_1 \times \ln(1 + HSR_{it}) + \beta_2 \times H_{ij,t} +$$
$$\beta_3 \times Arg\_INP_{ij,t} + \beta_4 \times Eng\_INP_{ij,t} +$$
$$\beta_5 \times \ln Size_{ij,t} + \beta_6 \times URB_{ij,t} +$$
$$\beta_7 \times URB_{it}^2 + \beta_8 \times PROT_{it} + \mu_j + \lambda_t + \varepsilon_{ijt}$$
$$(4-6)$$

其中，URB_{it}^2 为城市化率的平方项，u_j 为行业固定效应，λ_t 为时间固定效应。

4.1.3　实证分析

1. 基准回归结果

表 4-3 报告了基准回归结果，其中（1）~（3）列报告了基于就业数计算的 EG 指数作为被解释变量的回归结果，（4）~（6）列报告了基于总产值计算的 EG 指数为被解释变量的回归结果。从表 4-3 可以看出，无论是以就业数测算的 EG 指数作为被解释变量，还是以总产值测算的 EG 指数作为被解

释变量，回归结果均显示高铁服务提供强度的系数为负值，且通过了 1% 水平的显著性检验，说明从整体上来看，高铁服务提供强度的增加对省域制造业行业集聚水平的提高起到显著的抑制作用，促进了制造业的空间扩散。这可能的解释是：高铁服务极大地改变了区域间的相对比较优势，且为生产要素的跨地区间流动提供了极大便利。要素价格是影响企业选址的重要因素。一般情况下，经济欠发达的外围地区无论是在土地租金还是劳动力价格方面，均要明显低于经济发达的中心地区，但由于中心地区有更为便利的交通基础设施和更优的市场可达性，通常集聚着大量的制造业企业，而外围地区由于交通可达性限制，要素价格的比较优势并不能得到很好的发挥，高铁通车以及由高铁通车带来的高铁服务供给的增加，会在很大程度上改变着中心和外围地区的相对区位优势：一方面，高铁服务的提供拉近了外围地区与中心地区的时空距离，提高了外围地区的市场潜力，外围地区交通可达性的提高和相比于中心地区更低的要素价格，促使位于中心地区的制造业向外围地区扩散；另一方面，高铁服务提供打破了漫长地理距离带来的区域间要素和人员流动的地理阻隔，极大便利了劳动力和资本的跨地区流动，有利于地区间的交流和合作，促进了市场一体化发展，使制造业不再主要集中于中心地区，而是在更为广阔的空间寻找符合企业发展的地理区位。

表 4 – 3　　　　　　　　　　　　基准回归结果

变量	EG_JOB			EG_IND		
	(1)	(2)	(3)	(4)	(5)	(6)
$\ln(1+HSR)$	– 0.014 ***	– 0.010 ***	– 0.011 ***	– 0.020 ***	– 0.020 ***	– 0.022 ***
	(0.001)	(0.001)	(0.001)	(0.001)	(0.002)	(0.002)
H		0.382 ***	0.382 ***		0.194 ***	0.192 ***
		(0.032)	(0.031)		(0.036)	(0.036)
Arg_INP		– 0.068 **	– 0.083 ***		– 0.070	– 0.114
		(0.031)	(0.031)		(0.076)	(0.075)
Eng_INP		– 0.156 ***	– 0.159 ***		– 0.312 **	– 0.317 **
		(0.054)	(0.054)		(0.126)	(0.126)
URB		0.077 ***	0.488 ***		0.163 ***	1.174 ***
		(0.012)	(0.082)		(0.024)	(0.176)

续表

变量	EG_JOB			EG_IND		
	(1)	(2)	(3)	(4)	(5)	(6)
URB^2			− 0. 336 ***			− 0. 826 ***
			(0. 065)			(0. 143)
ln$Size$		0. 020 ***	0. 020 ***		0. 016 *	0. 017 *
		(0. 005)	(0. 005)		(0. 009)	(0. 009)
$PROT$		− 18. 777 ***	− 14. 535 ***		− 17. 981 *	− 8. 133
		(4. 444)	(4. 421)		(9. 208)	(9. 403)
$\_cons$	0. 050 ***	− 0. 066 **	− 0. 179 ***	0. 072 ***	− 0. 056	− 0. 329 ***
	(0. 005)	(0. 027)	(0. 033)	(0. 009)	(0. 054)	(0. 073)
时间效应	YES	YES	YES	YES	YES	YES
行业效应	YES	YES	YES	YES	YES	YES
样本数	4325	4245	4245	4780	4691	4691
R^2	0. 229	0. 366	0. 370	0. 095	0. 126	0. 133

注：表中（ ）内为稳健标准误，*** 、** 和 * 分别表示在1%、5%和10%水平上显著。

在控制变量方面，产业组织集中度系数在1%水平上显著为正，表明产业集中带来了产业集聚，出于规模经济和成本考虑，一些中小企业通常会布局于大企业周围以便共享劳动力市场和专业化服务，同时大企业周围通常也布局着较多的为大企业提供零部件和技术服务的配套企业，因此产业组织集中会带来产业地理集聚，农林牧渔产品投入强度和能源投入强度等衡量的资源投入系数均显著为负，说明对资源投入依赖较高的行业在空间上更为分散，这与资源产品的运输成本较高，但分布较为广泛有关（贺灿飞和朱晟君，2007）。城市化率一次项系数显著为正，二次项系数显著为负，说明城市化率与制造业集聚之间存在非线性的倒 U 型关系，省域城市化率的提高有助于制造业集聚，但城市化率达到一定程度时，城市化率的继续提高将显著降低制造业集聚水平，促进制造业空间扩散。可能的解释是，从省域内部地区城市化进程来看，在城市化初期，各地区城市化进程不一，少数地区城市化发展迅速，城市化率相对较高，基于接近市场和共享基础设施考虑，制造业会更多地集聚于城市发展迅速且城市化率较高的地区，但随着城市化的推进，有越来越多的地区城市化水平不断提高，而原来制造业高度集聚的地区，由于制造业高度集聚带来"拥堵效应"等提高了制造业成本，使一部分制造业外迁至其他地区，导致了制造业的空间扩散。本书实证结论与陈曦等（2015）一致。企业平均规模的系数为显著为正，说明规模经济有利于制造业集聚，这与贺灿飞（2007）实证结论一致。地方保护主义系数在各列中均为负，以就业数测算的 EG 指数作为被解释变量的回归中，通过了 1% 水平的显著性检验，地方保护主义与制造业集聚的关系，在已有的研究中受到较多的关注，多数研究认为地方保护不利于产业集聚，本书实证结论与路江涌和陶志刚（2007）、杨洪焦等（2008）一致。

2. 内生性问题的处理

前面采用普通最小二乘法（OLS）就高铁服务提供强度对制造业行业集聚的影响进行估计，然而，作为一种重要交通设施，高铁服务提供强度的高低依赖于地区出行需求和国家或地区层面高铁规划。制造业集聚程度较高的地区通常集聚着大量的就业人口，使得集聚区出行的交通需求较大，在需求驱动下交通规划部门通常更倾向于在制造业就业人口较多的地区建设高铁，因此，高铁服务强度与制造业集聚之间可能存在逆向因果关系，由此，可能导致内生性问题的产生。解释变量的内生性将导致 OLS 并不能得出一致估计。因而，为了能够有效校正内生性问题，这部分采用工具变量法对计量模型（4-5）和（4-6）进行估计，选取高铁服务提供强度作为内生变量，并采用 2006 年各省份铁路客运总量和铁路列车日出行班次作为高铁服务提供强度的工具变量，这主要是因为 2006 年的各省份铁路客运量和铁路列车日出行班次直接反映了当地对铁路客运的需求和原有的铁路基础设施状况，当时的铁路客运需求和铁路基础设施状况与 2008 年后各省份高铁服务提供存在密切相关关系，因为 2008 年后高铁客运专线一部分是由原来的普通铁路客运线改造而来，同时在高铁规划中也优先的向铁路客运需求较多地区倾斜[①]。另外，2006 年各省份铁路客运量和铁路列车日出行班次，作为一个历史的前定变量，也满足了外生性条件，当然，要获得有效的工具变量，必须对工具变量的有效性进行检验。表 4-4 报告了基于工具变量的回归结果以及工具变量有效性的几种检验，过度识别检验中 Hensen J 统计量所对应的 P 值均不显著，

---

① 国家铁路局. 2004 年、2008 年《中长期铁路网规划》［EB/OL］. http：//www. nra. gov. cn.

检验结果接受了不存在过度识别的原假设，而不可识别检验显示 *Kleibergen-Paap rk LM* 统计量对应的 P 值均为 0.000，强烈拒绝了不可识别的原假设，说明工具变量均为外生变量，*Cragg-Donald Wald F* 统计量显示对于名义显著性水平为 5% 的检验，其真实显著性水平不会超过 15%，因此，有理由认为不存在弱工具变量问题，基于稳健性考虑，本书还使用了对弱工具变量更不敏感的有限信息最大似然法（LIML）进行估计，系数与 2SLS 估计结果相似，这进一步证明了不存在弱工具变量问题。使用工具变量的前提是存在内生解释变量，由于异方差情形下，传统的 Hausman 检验失效，而异方差检验表明存在异方差问题，为此本书进行了异方差稳健 DWH 检验，从表 4 - 4 可以看出 *Wu-Hausman F* 检验结果拒绝了所有解释变量均为外生的原假设，因此可以认为高铁服务强度 $\ln(1 + HSR)$ 为内生解释变量。一般地，异方差情形下，GMM 相较于 2SLS 更有效率，在表 4 - 4 中，本书同时报告了 2SLS 和两步最优 GMM 回归结果，考虑到高铁服务具有路径依赖和动态递延特征，在两步最优 GMM 估计中加入了因变量的滞后项。从各列回归的 R^2 对比来看，两步最优 GMM 估计中的 R^2 值要明显的高于 2SLS，因此，在本节后面的实证中，均采用更有效率的两步最优 GMM 方法进行模型估计。从表 4 - 4 各列回归结果来看，控制了内生性后，高铁服务提供强度的系数依然为负值，且均在 1% 水平上显著，说明高铁服务提供强度的提高确实会对制造业整体行业集聚产生负向的抑制效应，促进了制造业的空间扩散。

表 4 - 4　　　　高铁服务强度对制造业集聚影响的工具变量法估计

变量	EG_JOB			EG_IND		
	IV_2SLS	IV_2SLS	IV_GMM	IV_2SLS	IV_2SLS	IV_GMM
L. EG_JOB			0.486 *** (0.037)			
L. EG_IND						0.527 *** (0.033)
$\ln(1 + HSR)$	- 0.020 *** (0.002)	- 0.023 *** (0.002)	- 0.013 *** (0.002)	- 0.051 *** (0.004)	- 0.058 *** (0.005)	- 0.035 *** (0.005)
H	0.327 *** (0.033)	0.318 *** (0.033)	0.128 *** (0.033)	0.082 ** (0.036)	0.064 * (0.036)	- 0.028 (0.035)

续表

变量	EG_JOB			EG_IND		
	IV_2SLS	IV_2SLS	IV_GMM	IV_2SLS	IV_2SLS	IV_GMM
Arg_INP	-0.103 *** (0.032)	-0.133 *** (0.032)	-0.052 * (0.029)	-0.170 ** (0.077)	-0.255 *** (0.077)	-0.169 ** (0.070)
Eng_INP	-0.151 *** (0.056)	-0.155 *** (0.056)	-0.056 (0.052)	-0.313 ** (0.131)	-0.322 ** (0.132)	-0.100 (0.137)
URB	0.142 *** (0.016)	0.795 *** (0.099)	0.467 *** (0.094)	0.367 *** (0.036)	2.082 *** (0.237)	1.258 *** (0.238)
URB^2		-0.524 *** (0.074)	-0.309 *** (0.070)		-1.380 *** (0.179)	-0.819 *** (0.176)
lnSize	0.019 *** (0.005)	0.019 *** (0.005)	0.025 *** (0.004)	0.013 (0.009)	0.013 (0.009)	0.020 ** (0.008)
PROT	-41.448 *** (6.063)	-38.728 *** (5.954)	-20.782 *** (5.615)	-85.393 *** (12.602)	-77.337 *** (12.247)	-54.304 *** (11.473)
_cons	-0.050 * (0.027)	-0.222 *** (0.035)	-0.224 *** (0.036)	-0.009 (0.054)	-0.459 *** (0.081)	-0.326 *** (0.079)
时间效应	YES	YES	YES	YES	YES	YES
行业效应	YES	YES	YES	YES	YES	YES
样本数	4245	4245	3362	4691	4691	3869
R^2	0.342	0.336	0.521	0.068	0.056	0.378
Wu-Hausman F 统计量	39.951 [0.000]	50.725 [0.000]		78.638 [0.000]	93.094 [0.000]	
Kleibergen-Paap rk LM 统计量	831.561 [0.000]	649.98 [0.000]	449.197 [0.000]	937.854 [0.000]	740.909 [0.000]	560.369 [0.000]
Cragg-Donald Wald F 统计量	516.218	455.835	290.931	581.496	517.565	377.295
Hensen J 统计量	2.276 [0.131]	0.150 [0.698]	0.014 [0.906]	2.224 [0.135]	0.032 [0.858]	1.050 [0.305]

注：表中（ ）内为稳健标准误，*** 、** 和 * 分别表示在1%、5%和10%水平上显著，[ ]内为统计量对应的 p 值。

3. 行业异质性分析

制造业各行业要素投入结构的不同，可能使高铁服务提供强度对制造业不同行业集聚的影响存在异质性，而全样本的考察通常忽略了不同行业的差异。基于此，本书借鉴鲁桐和党印（2014）按照要素密集度进行的行业分类方法，将制造业划分为劳动密集型制造、资本密集型制造业和技术密集型制造业三类①，进行行业分类回归估计。

表4-5报告了回归结果，从回归结果可以看出，各列回归中高铁服务的系数均在1%水平上显著为负，说明高铁服务对劳动密集型、资本密集型和技术密集型制造业集聚均有显著的负向影响。然而，从行业对比来看，高铁服务对不同要素密集度制造业行业的影响确实存在一定差异，从系数大小来看，技术密集型行业中高铁变量的系数绝对值要明显地大于其他行业，说明高铁服务提供强度对技术密集型行业集聚的负向影响要大于其他行业，这意味着高铁服务提供对依赖于创新活动的制造业行业空间分布的影响更为明显。技术密集型制造业的发展依赖于创新和研发活动，而高铁服务的提供极大便利了跨地区技术人员开展交流与合作，有利于技术人员的跨地区流动，促进了技术和知识的空间扩散（Dong et al，2018），而随着技术和知识空间扩散的加快，有助于技术密集型制造业部门的跨地区转移和扩散。

表4-5　　　　高铁服务提供对制造业分行业集聚的异质性影响

变量	劳动密集型行业		资本密集型行业		技术密集型行业	
	EG_JOB	*EG_IND*	*EG_JOB*	*EG_IND*	*EG_JOB*	*EG_IND*
L. EG_POP	0.595 *** (0.066)		0.299 *** (0.058)		0.522 *** (0.067)	
L. EG_IND		0.522 *** (0.055)		0.480 *** (0.056)		0.557 *** (0.061)

① 劳动密集型制造业包括农副食品加工业（13），食品制造业（14），饮料制造业（15），烟（16），纺织业（17），纺织服装、鞋、帽制造业（18），皮革、毛皮、羽毛（绒）及其制品业（19），木材加工及木、竹、藤、棕、草制品业（20），家具制造业（21）等9个二位数制造业行业；资本密集型制造业包括造纸及纸制品业（22），印刷业和记录媒介的复制（23），文教体育用品制造业（24），石油加工、炼焦及核燃料加工业（25），化学原料及化学制品制造业（26），化学纤维制造业（28），橡胶和塑料制品业（29），非金属矿物制品业（30），黑色金属冶炼及压延加工业（31），有色金属冶炼及压延加工业（32），金属制品业（33）等11个二位数行业；技术密集型制造业包括医药制造业（27），通用设备制造业（34），专用设备制造业（35），交通运输设备制造业（36），电气机械及器材制造业（37），计算机、通信和其他电子设备制造业（38）和仪器仪表制造业（39）等7个二位数行业。

续表

变量	劳动密集型行业		资本密集型行业		技术密集型行业	
	EG_JOB	EG_IND	EG_JOB	EG_IND	EG_JOB	EG_IND
$\ln(1+HSR)$	-0.009^{***} (0.003)	-0.043^{***} (0.008)	-0.012^{***} (0.003)	-0.017^{***} (0.007)	-0.018^{***} (0.004)	-0.048^{***} (0.010)
H	0.012 (0.043)	-0.139^{***} (0.046)	0.273^{***} (0.052)	0.092 (0.068)	0.096 (0.062)	-0.011 (0.084)
Arg_INP	-0.056^{**} (0.025)	-0.259^{***} (0.068)	0.106 (0.145)	0.142 (0.377)	-1.421^{***} (0.378)	-0.098 (1.389)
Eng_INP	0.494 (0.667)	-1.162 (1.101)	-0.111^{**} (0.054)	-0.083 (0.136)	0.075 (0.146)	-0.503 (0.526)
URB	0.287^{**} (0.133)	1.503^{***} (0.468)	0.470^{***} (0.148)	0.655^{*} (0.337)	0.528^{***} (0.181)	1.661^{***} (0.453)
URB^2	-0.190^{*} (0.102)	-0.984^{***} (0.361)	-0.275^{**} (0.112)	-0.378 (0.249)	-0.364^{***} (0.133)	-1.131^{***} (0.320)
$\ln Size$	0.009 (0.006)	0.016 (0.016)	0.032^{***} (0.006)	0.012 (0.011)	0.032^{***} (0.009)	0.030^{*} (0.016)
$PROT$	-13.997 (10.009)	-73.971^{***} (20.667)	-21.027^{**} (8.823)	-13.569 (17.815)	-35.312^{***} (10.296)	-84.701^{***} (20.944)
$\_cons$	-0.051 (0.044)	-0.209 (0.137)	-0.230^{***} (0.047)	-0.162^{*} (0.093)	-0.177^{***} (0.064)	-0.347^{**} (0.141)
样本数	1067	1294	1385	1556	910	1019
R^2	0.548	0.312	0.502	0.366	0.586	0.494
时间效应	YES	YES	YES	YES	YES	YES
行业效应	YES	YES	YES	YES	YES	YES
Kleibergen-Paap rk LM 统计量	156.560 [0.000]	201.851 [0.000]	184.350 [0.000]	236.393 [0.000]	104.688 [0.000]	110.812 [0.000]
Cragg-Donald Wald F 统计量	104.501	139.122	115.818	161.888	65.040	68.819
Hensen J 统计量	2.080 [0.149]	0.168 [0.681]	0.347 [0.555]	1.049 [0.305]	0.992 [0.319]	1.817 [0.177]

注：表中（ ）内为稳健标准误，***、**和*分别表示在1%、5%和10%水平上显著；[ ]为统计量对应的p值。

4. 稳健性检验

（1）分时序回归。

前面分别从全样本和行业异质性视角，考察了高铁服务供给强度对省域制造业行业集聚的影响，那么在不同时序内，高铁服务提供对制造业行业集聚的影响又有何不同？另外，本书采用的中国工业企业数据库数据，在 2011 年发生了统计口径的变更，虽然 EG 指数是一种相对指标，原始数据口径的变化并不会对测算结果产生明显的影响，但基于实证结果可靠性考虑，这部分我们通过分时序估计，来验证本书实证结果的稳健性，并比较不同时序内高铁服务提供强度对制造业集聚影响的差异。

表 4-6 报告了回归结果，从各列回归结果来看，高铁变量的系数均为负值，且在 1% 水平上显著，这说明分时序回归依然支持了前面的实证结论，也即高铁服务提供强度的增加确实促进了制造业的空间分散，但从分时段回归中高铁服务提供强度的回归系数来看，2010 年之前，高铁服务供给强度系数较大，可能的解释是，2008 年正值次贷危机爆发时期，在外贸受阻、融资困难的情况下，企业为降低生产成本本身有向外围地区迁移的动机，而高铁服务带来的时空压缩效应，使外围地区的要素成本优势凸显，最终促进了制造业更多地向外围地区转移和扩散。表 4-6 的回归结果表明，即使在考察期发生了统计口径的变更，也并不会影响实证结论的可靠性。

表 4-6　　　高铁服务提供强度对不同时序制造业集聚的异质性影响

变量	Year < 2010		Year > 2011	
	EG_JOB	*EG_IND*	*EG_JOB*	*EG_IND*
L. EG_JOB	0. 344 *** (0. 056)		0. 611 *** (0. 047)	
L. EG_IND		0. 445 *** (0. 054)		0. 598 *** (0. 038)
$\ln(1 + HSR)$	− 0. 018 *** (0. 005)	− 0. 053 *** (0. 010)	− 0. 008 *** (0. 002)	− 0. 021 *** (0. 005)
H	0. 232 *** (0. 071)	0. 051 (0. 063)	0. 065 ** (0. 029)	− 0. 032 (0. 032)
Arg_INP	− 0. 011 (0. 050)	− 0. 052 (0. 051)	− 0. 038 *** (0. 010)	− 0. 101 *** (0. 026)

续表

变量	Year < 2010		Year > 2011	
	EG_JOB	EG_IND	EG_JOB	EG_IND
Eng_INP	0.012 (0.089)	− 0.013 (0.074)	− 0.039 *** (0.014)	− 0.107 *** (0.039)
URB	0.535 *** (0.181)	2.182 *** (0.434)	0.356 *** (0.109)	0.368 (0.268)
URB^2	− 0.322 ** (0.137)	− 1.462 *** (0.327)	− 0.246 *** (0.080)	− 0.193 (0.196)
lnSize	0.026 *** (0.005)	0.024 ** (0.009)	0.009 (0.006)	0.000 (0.011)
PROT	− 28.962 *** (7.478)	− 63.126 *** (14.203)	− 10.318 (8.313)	− 35.698 * (19.446)
_cons	− 0.196 *** (0.050)	− 0.508 *** (0.103)	− 0.132 *** (0.044)	− 0.042 (0.088)
样本数	1403	1578	1959	2291
R^2	0.461	0.291	0.637	0.486
时间效应	YES	YES	YES	YES
行业效应	YES	YES	YES	YES
Kleibergen-Paap rk LM 统计量	176.752 [0.000]	236.008 [0.000]	232.610 [0.000]	265.852 [0.000]
Cragg-Donald Wald F 统计量	241.985	412.265	344.954	401.568

注：①表中（ ）内为稳健性标准误，*** 、** 和 * 分别表示在 1%、5% 和 10% 水平上显著；[ ] 内为统计量对应的 p 值。②本部分使用两个工具变量进行工具变量法回归时，并没有通过过度识别检验，因此，表中估计结果仅保留了以 2006 年铁路客运量为基础构造的高铁工具变量，但并不影响实证结论。

（2）更换核心解释变量。

前面实证中我们以高铁日出行班次作为高铁服务强度的衡量指标，考察高铁服务提供强度对制造业集聚的影响，那么如果替换核心解释变量，以每个省份的高铁站点数作为高铁服务提供强度的衡量指标，本书的实证结论是否还成立呢？这部分以考察期最后一年，也即 2013 年的横截面数据对该问题进行稳健性测试。通过手工收集截至 2013 年 12 月 31 日中国各省份拥有的高铁站点数信息，以高铁站点数作为省域高铁服务提供强度的衡量指标，进行稳健性回归。表4-7报告了回归结果，从回归结果可以看出，各列中以高铁站点数衡量高铁服务提供强度的回归中，高铁服务提供强度的系数均为负，且通过了1%水平的显著性检验，说明即使更换了核心解释变量，本书的实证结果仍然稳健，也即高铁服务供给的增加在整体上促进了省域制造业行业的空间扩散。

表4-7   更换被解释变量的稳健性测试

变量	EG_JOB		EG_IND	
	(1)	(2)	(3)	(4)
$TRAN$	-0.003 ***	-0.003 ***	-0.004 ***	-0.004 ***
	(0.000)	(0.001)	(0.001)	(0.001)
H		0.258 ***		0.178 **
		(0.067)		(0.069)
Arg_INP		-0.088 ***		-0.188 ***
		(0.025)		(0.055)
Eng_INP		-0.029		-0.197 ***
		(0.026)		(0.064)
URB		1.165 ***		0.923 *
		(0.292)		(0.522)
URB^2		-0.889 ***		-0.678
		(0.221)		(0.422)
$\ln Size$		0.008		-0.015
		(0.020)		(0.033)
$PROT$		-20.763		-32.622
		(16.546)		(28.667)
$\_cons$	0.075 ***	-0.327 ***	0.112 ***	-0.068
	(0.006)	(0.123)	(0.010)	(0.228)
样本数	732	705	800	772
R^2	0.044	0.201	0.022	0.076

注：表中（ ）内为稳健标准误，***、** 和 * 分别表示在1%、5%和10%水平上显著；$TRAN$表示高铁站点数。

4.2　高铁与城市制造业集聚

在上一节中，本书在省域制造业行业集聚层面上，考察了高铁服务提供对制造业集聚的影响，发现从省域制造业行业集聚维度来看，高铁服务提供整体上促进了制造业空间分散，有助于扭转制造业高度集聚于发达地区的局面。根据新经济地理学的"中心—外围"理论观点。交通条件改善，对产业空间分布具有双重影响：一方面，中心城市的"集聚力"可能由于交通条件改善带来的运输成本节约而得到加强，促使外围城市的生产要素向中心城市集聚，进而强化中心城市的"虹吸效应"；另一方面，交通条件改善带来的运输成本节约也可能促使生产要素由中心城市向外围城市扩散，进而缩小中心城市和外围城市的产业发展差距。那么在上一节的基础上，值得进一步探讨的是高铁带来跨区域、跨城市可达性的极大改善，是否通过促进了制造业由原先集聚于中心城市转变为更多地集聚于高铁沿线的外围城市，从而促使制造业在整体上呈现空间扩散的特征呢？本节基于"中心—外围"理论的核心观点，将中国城市类别划分为：中心城市和外围城市①。在此基础上，本节分别考察了开通高铁对中心城市和外围城市制造业集聚的影响，以进一步明确高铁影响制造业空间重构的实现路径。

4.2.1　变量选取与数据说明

1. 被解释变量

采用与孙等（2017）、邵等（2017）类似的做法，用区位熵（LQ_{it}）作为衡量城市制造业集聚的指标，区位熵具体计算公式为：

$$LQ_{it} = \frac{Muemploy_{it}/Employ_{it}}{Muemploy_{all,t}/Employ_{all,t}} \qquad (4-7)$$

其中，$Muemploy_{it}$ 表示城市 i 在 t 时期的制造业就业人数，$Employ_{it}$ 表示城市 i 在 t 时期的就业人数，$Muemploy_{all,t}$ 表示在 t 时期的全国制造业就业人数，

---

① 本书将中心城市定义为省会城市、计划单列市和副省级城市，这些城市是中国名副其实的经济中心地带，将中心城市以外的地级城市定义为外围城市。

$Employ_{all,t}$ 表示在 t 时期的全国总就业人数。

2. 核心解释变量

核心解释变量为是否开通高铁，如果一个城市在 t 时期开通了高铁则设为 1，相反地，如果未开通则设为 0。高铁变量用 HSR_{it} 表示。

3. 控制变量

除了核心解释变量以外，还加入了城镇化（$Urban_{it}$）、政府干预（Gov_{it}）、基础设施状况（$Infra_{it}$）和生产性服务业发展状况（$lnSer_{it}$）作为控制变量，各控制变量说明如下：

（1）城镇化（$Urban_{it}$）。目前，文献中对于城市化水平的衡量一般采用土地城镇化或人口城镇化指标，但相比于土地城镇化，人口城镇化指标可能更能真实地反映一个地区的城镇化进程。基于此，采用人口城镇化指标作为衡量地区城镇化水平指标，将城镇化表示为地区非农业人口占地区总人口比重，并用 $Urban_{it}$ 表示。陈曦等（2015）认为城镇化是影响制造业集聚的重要因素，两者之间呈倒 U 型关系；尹希果和刘培森（2013）的研究则发现城市规模与制造业集聚呈 U 型关系。

（2）政府干预（Gov_{it}）。为了吸引企业在本地投资，各级地方政府通常会制定各种优惠政策，如税收减免、补贴和提供低于市场价格的工业用地来吸引企业投资（黄健柏等，2015），或通过建立各种类型的工业园区来引导制造业在特定区域集聚（李贲和吴利华，2018），因此，政府干预是影响制造业集聚的重要因素。采用政府支出占 GDP 比重来衡量政府对经济的干预程度。并用 Gov_{it} 表示。

（3）基础设施状况（$Infra_{it}$）。新经济地理学认为地区基础设施状况是影响企业区位选择的重要因素，一般而言，完善的基础设施有利于吸引产业集聚（刘荷和王健，2014；唐红祥等，2018）。借鉴陈曦等（2015）的做法，采用城市道路面积占市辖区行政区域面积作为反映城市基础设施状况的替代变量，并用 $Infra_{it}$ 表示。

（4）生产性服务业发展状况（Ser_{it}）。作为制造业生产的重要中间投入，生产性服务业发展与制造业转型升级密切相关，地区生产性服务业发展通常也影响着制造业的空间分布（梁红艳和王健，2012；程中华，2016）。采用生产性服务业就业人数占总就业比重的对数来反映地区生产性服务业发展状况，用 $lnSer_{it}$ 表示。

被解释变量数据来源于中国国家统计局公布的 2004 ~ 2013 年中国工业企业数据库。该数据库涵盖了中国规模所有国有和非国有工业企业数据，由于本书考察对象是制造业，因此剔除了工业企业数据库中非制造业企业样本，仅保留了制造业企业样本，还剔除了行政区划代码缺失、从业人数小于 10 的企业样本，并参考中国民政部网站公布的各年度县级以上行政区划代码，对企业所对应的行政代码进行了统一。由于本书采用的数据集时间跨度较长，在考察期发生了国民经济行业分类标准变更情况，其中 2004 ~ 2012 年数据行业分类主要依据 2002 版的国民经济行业分类标准（GB - T4754 - 2002）基本保持不变，但 2013 年中国工业企业数据库行业分类采用了 2011 版（GB - T4754 - 2011）的国民经济行业分类标准，针对这一情况，我们在进行分行业的区位熵计算时，通过行业分类转换表（见附录），统一了两者的差异，保证了数据的可比性和连贯性。核心解释变量数据来源于《极品列车时刻表》。《极品列车时刻表》提供了如列车类型、出发站、终点站，出发时间、到达时间等详细的铁路列车出行信息。参考已有研究的通常做法，本书将高铁定义为以 G（高铁列车）、D（动车组列车）和以 C（城际列车）等开头的铁路列车。如果一个城市拥有高铁停靠点，则视为开通了高铁，控制变量数据来源于《中国城市统计年鉴》和各省份的统计年鉴。选取数据时间段为 2004 ~ 2013 年，考察的城市样本总数为 2200 个，其中中心城市 270 个，外围城市 1930 个。表 4 - 8 为各变量定义及数据说明，表 4 - 9 为变量的描述性统计。

表 4 - 8　　　　　　　　　主要变量定义和数据说明

变量	变量说明	数据来源
LQ	区位熵	工业企业数据库合并数据，作者计算而得
HSR	高铁变量	《中国旅客列车时刻表》，作者整理得到
Urban	城镇化水平	各省份的统计年鉴，作者整理计算而得
Gov	政府干预	《中国城市统计年鉴》，作者计算而得
Infra	基础设施	《中国城市统计年鉴》，作者计算而得
Ser	生产性服务业发展	《中国城市统计年鉴》，作者整理加总而得

表 4 –9 变量的描述性统计

变量	全样本			中心城市			外围城市		
	样本数	均值	标准差	样本数	均值	标准差	样本数	均值	标准差
$\ln LQ$	2200	0.024	1.040	270	2.139	0.625	1930	-0.271	0.682
HSR	2200	0.187	0.390	270	0.359	0.480	1930	0.163	0.369
$Urban$	2160	0.599	0.327	266	0.720	0.247	1894	0.582	0.333
Gov	2199	0.134	0.056	270	0.121	0.038	1929	0.136	0.058
$Infra$	2192	1.144	1.223	268	1.842	1.486	1924	1.047	1.149
$\ln Ser$	2197	-2.257	0.352	270	-1.755	0.244	1927	-2.327	0.305

4.2.2 计量模型的构建

本章节初步构建如下双向固定效应模型，来评估开通高铁对城市制造业集聚的影响：

$$\ln LQ_{it} = \alpha + \gamma \times HSR_{it} + u_i + \lambda_t + \varepsilon_{it} \qquad (4-8)$$

其中，$\ln LQ_{i,t}$ 为 i 城市在 t 时期区位熵的对数，$HSR_{i,t}$ 为高铁变量，u_i 为城市固定效应，λ_t 为时间固定效应，ε_{it} 为随机误差项。为了尽量减少因遗漏变量导致的估计偏误，在（4-8）的基础上，加入控制变量，将计量模型扩展为模型（4-9）：

$$\ln LQ_{it} = \alpha + \gamma \times HSR_{it} + \beta_1 \times Urban_{it} + \beta_3 \times Gov_{it} +$$
$$\beta_4 \times Infra_{i,t} + \beta_5 \times \ln Ser_{it} + u_i + \lambda_t + \varepsilon_{it} \qquad (4-9)$$

其中，$Urban_{it}$ 为城镇化变量，Gov_{it} 为政府干预变量，$Infra_{it}$ 和 $\ln Ser_{it}$ 分别为基础设施变量和服务业发展水平变量。一些文献认为，城镇化水平与制造业集聚之间存在非线性关系（陈曦等，2015；尹希果等，2013），因此，进一步将模型（4-9）扩展为模型（4-10）的形式：

$$\ln LQ_{it} = \alpha + \gamma \times HSR_{it} + \beta_1 \times Urban_{it} + \beta_2 \times Urban_{it}^2 + \beta_3 \times Gov_{it} +$$
$$\beta_4 \times Infra_{it} + \beta_5 \times \ln Ser_{it} + u_i + \lambda_t + \varepsilon_{it} \qquad (4-10)$$

4.2.3　实证分析

1. 基准回归结果

表 4 - 10 报告了基准回归结果。其中（1）~（3）列报告了基于全样本回归的结果，当只加入高铁变量，并控制时间固定效应和城市固定效应时，高铁变量系数为 0.074，并通过了 5% 水平的显著性检验，加入控制变量后，系数依然为正，且在 5% 水平上显著，说明从整体上看，高铁开通有助于提高沿线城市的制造业集聚水平。为了考察高铁开通对沿线中心城市和外围城市制造业集聚的异质性影响，进一步将样本数据分为中心城市和外围城市两组进行分组回归。（4）~（6）列报告了中心城市样本的回归结果，未加入控制变量，而只加入高铁变量并控制时间固定效应和城市固定效应时，高铁变量系数为 - 0.157，通过了 5% 水平的显著性检验，加入控制变量后，系数符号并未发生改变，且在 1% 水平上显著，说明高铁开通会抑制中心城市的制造业集聚，也即开通高铁有助于促进中心城市制造业向外扩散。（7）~（9）列报告了外围城市样本的回归结果，无论是否加入控制变量，双向固定效应模型的回归结果均显示高铁变量的系数为正，且均在 1% 水平上显著，说明开通高铁有助于提高沿线外围城市制造业集聚水平。

表 4 - 10　　　　　　　　　　　　　基准回归结果

变量	全样本			中心城市			外围城市		
	（1）	（2）	（3）	（4）	（5）	（6）	（7）	（8）	（9）
HSR	0.074** (0.03)	0.070** (0.03)	0.078** (0.03)	- 0.157** (0.06)	- 0.229*** (0.07)	- 0.229*** (0.07)	0.152*** (0.03)	0.139*** (0.03)	0.141*** (0.03)
Urban		0.457*** (0.08)	1.334*** (0.26)		0.420* (0.218)	0.797 (0.975)	0.284*** (0.09)	0.721** (0.29)	0.284*** (0.09)
$Urban^2$			- 0.788*** (0.22)			- 0.295 (0.74)			- 0.386 (0.246)
Gov		0.488** (0.23)	0.381 (0.23)		- 3.122* (1.77)	- 3.260* (1.81)		0.451* (0.23)	0.403* (0.23)
Infra		- 0.003 (0.01)	- 0.002 (0.01)		0.047*** (0.01)	0.045** (0.01)		- 0.016 (0.02)	- 0.016 (0.02)
lnSer		0.220*** (0.06)	0.223*** (0.06)		0.113 (0.17)	0.131 (0.18)		0.236*** (0.06)	0.236*** (0.06)

续表

变量	全样本			中心城市			外围城市		
	(1)	(2)	(3)	(4)	(5)	(6)	(7)	(8)	(9)
_cons	0.161***	0.152	0.043	1.987***	2.175***	2.140***	−0.107***	0.120	0.054
	(0.03)	(0.16)	(0.16)	(0.07)	(0.39)	(0.40)	(0.03)	(0.18)	(0.18)
时间固定效应	YES	YES	YES	YES	YES	YES	YES	YES	YES
城市固定效应	YES	YES	YES	YES	YES	YES	YES	YES	YES
样本数	2200	2148	2148	270	264	264	1930	1884	1884
R^2	0.093	0.115	0.121	0.256	0.308	0.308	0.130	0.145	0.146
F统计量	58.46 [0.00]	35.77 [0.00]	35.85 [0.00]	36.28 [0.00]	23.11 [0.00]	22.90 [0.00]	20.43 [0.00]	15.27 [0.00]	15.29 [0.00]
Hausman检验	27.43 [0.00]	158.39 [0.00]	153.66 [0.00]	9.06 [0.00]	32.94 [0.00]	32.77 [0.00]	3.00 [0.08]	92.80 [0.00]	92.88 [0.00]

注：表中 ***、** 和 * 分别表示在1%、5%和10%水平上显著，（ ）内为稳健标准误，[ ]内为统计量对应的p值。

从控制变量的系数及显著性来看，城镇化一次项在各列回归中系数均为正，且较为显著，城镇化变量的二次项系数在各列中均为负，但仅在全样本回归中通过了1%水平的显著性检验，而分样本回归中系数并没有通过显著性检验，说明整体上看城镇化水平的提高有利于制造业集聚，但城镇化发展到一定阶段后，城镇化率的继续提高可能会抑制造业的集聚，本书的实证结论与陈曦等（2012）一致。政府干预变量在全样本和外围城市样本回归中系数为正，但在中心城市样本回归中却为负值，且在10%水平上显著，目前，政府干预到底会对制造业集聚产生何种影响，仍然存在争议。基础设施变量系数在中心城市样本回归中显著为正，且通过1%水平的显著性检验，但在全样本和外围城市样本回归中却为负，但并不显著。这可能的原因是，本书采用城市道路面积占市辖区总面积作为城市基础设施水平的替代变量，而城市道路面积的扩大，有助于缓解中心城市的交通拥堵状况，降低了由于拥堵导致的交通成本，因此中心城市城区道路面积扩大，有助于其吸引制造业集聚，而对于外围城市由于其本身城市内部交通拥堵并不十分明显，因此，城区道路面积扩大对制造业集聚的影响有限。生产性服务业发展水平变量系数在各列回归中均为正，且在全样本回归和外围城市样本回归中通过了1%水平的显著性检验，说明生产性服务业发展水平的提高有助于提高制造业集聚水平。梁红艳和王健（2012）的研究认为，接近生产性服务业可以解释制造业区位，而安德森（Andersson M，2006）的研究也发现制造业在空间上接近生产性服务业。表4-10报告了F统计量和Hausman检验结果，可以看出各列回归中F统计量所对应的p值均为0，说明固定效应要优于混合回归模型，而各列的Hausman检验结果则表明固定效应模型优于随机效应模型，应该使用固定效应模型进行回归估计。这进一步说明，本书采用双向固定效应模型考察高铁建设对制造业集聚的影响是合适的。

2. 内生性问题的处理

中国高铁线路的形成很大程度上是依据2004年公布的《中长期铁路网规划》和2008年公布的《中长期铁路网规划（2008年调整）》实施建设的。作为高铁建设的纲领性文件，《中长期铁路网规划》提出规划建设"四纵四横"客运专线及经济发达和人口稠密地区的城际客运系统，建立省会城市及大中城市的快速客运通道。这意味着一些集聚着大量就业人口的城市更有可能开通高铁，制造业集聚与高铁开通之前可能存在逆向因果关系，而逆向因果关系导致的内生性问题，可能使前面的回归结果存在偏误，本书尝试使用工具变量法进行校正。到2008年后我国许多城市才陆续开通高铁，而2008年以前各城市的铁路客运量可能反映了当地原有的铁路基础设施状况和对铁路的客运需求，这可能与2008年后各城市是否开通高铁有着密切的关系，因为2008年后开通的高铁客运专线有相当一部分是由原来的普通铁路客运线改造升级而来，同时在高铁建设规划中也有优先向铁路客运需求较多地区倾斜的条款。基于这种考虑，以2006年各个城市的铁路客运量为基础，构造是否开通高铁的工具变量。具体地，对各地级以上城市的铁路客运量进行排序，并以中位数为标准，将铁路客运量大于中位数的地级市设为1，铁路客运量小于中位数的地级市设为0，并与时间虚拟变量（2008年以后设为1，2008年以前设为0）进行交叉相乘，获得高铁工具变量（IV）。

运用工具变量法，对模型（4-10）进行回归估计。为了尽量减少控制变量与被解释变量间的逆向因果关系，这部分我们在处理高铁变量内生性问题的同时，也对各控制变量采用滞后一期处理。表4-11报告了工具变量法的回归结果，其中，（1）（3）（5）列报告了两阶段最小二乘法（2SLS）估计的第二阶段回归结果，而（2）（4）（6）列则报告了第一阶段回归结果。（1）列全样本回归中，高铁变量系数为0.230，且通过了1%水平的显著性检验，无论是从显著性水平还是从系数大小来看，都要明显大于仅采用双向固定效应模型回归结果，回归结果表明开通高铁在整体上能够显著促进沿线城市制造业集聚水平的提高，控制变量的系数符号与表4-10的回归结果一致。（3）列中心城市样本回归中，高铁变量系数为-0.133，通过了10%水平的显著性检验，系数显著性要略低于表4-10的回归结果。（5）列外围城市样本的回归中，高铁变量的系数为0.484，通过了1%水平的显著性检验，可以看出，表4-11的各列第二阶段回归结果中高铁变量系数的符号和显著性与表4-10保持一致。斯泰格和斯托克（Staiger and Stock，1997）认为当工具变量只有一个时，第一阶段回归对应的F值是否大于10可以作为弱工具变量的判断依据。表4-11中（2）（4）（6）列报告了第一阶段的回归结果，可以看出无论是按全样本回归，还是按中心城市和外围城市分组回归，高铁工具变量系数均在1%水平上显著为正，说明工具变量对高铁变量具有较强的解释力。而第一阶段回归对应的F统计量值分别为145.87、136.54和79.58，均远大于10，说明并不存在弱工具变量问题。*Cragg-Donald Wald-F*统计量分别为156.295、149.655和86.990，远远大于Stock-Yogo检验（Stock and Yogo，2005）在10%水平上的临界值16.38，拒绝弱工具变量的原假设，而各列所对应的*Kleibergen-Paap rk LM*统计量值也拒绝了识别不足的原假设，说明本书选取的工具变量是比较合理的，在处理内生性后，实证结果仍然支持前面的实证结论。

表4-11　　　　　　　　　　　　　工具变量法估计结果

变量	全样本（FE+IV）		中心城市（FE+IV）		外围城市（FE+IV）	
	(1)	(2)	(3)	(4)	(5)	(6)
	ln*LQ*	HSR	ln*LQ*	HSR	ln*LQ*	HSR
HSR	0.230 *** (0.087)		-0.133 * (0.073)		0.484 *** (0.123)	
Urban	1.887 *** (0.251)	-0.106 (0.209)	3.331 *** (0.618)	-1.860 *** (0.683)	1.130 *** (0.291)	0.150 [0.226]

变量	全样本 （FE + IV）		中心城市 （FE + IV）		外围城市 （FE + IV）	
	（1）	（2）	（3）	（4）	（5）	（6）
	lnLQ	HSR	lnLQ	HSR	lnLQ	HSR
$Urban^2$	− 1. 356 ***	0. 264	− 2. 383 ***	1. 560 ***	− 0. 935 ***	0. 139
	（0. 226）	（0. 181）	（0. 443）	（0. 485）	（0. 256）	（0. 195）
Gov	0. 555	− 0. 288	− 5. 246 ***	0. 107	0. 489	0. 027
	（0. 413）	（0. 283）	（0. 986）	（1. 308）	（0. 425）	（0. 283）
Infra	− 0. 042 **	0. 081 ***	0. 020	0. 059	− 0. 063 **	0. 084 ***
	（0. 020）	（0. 021）	（0. 039）	（0. 038）	（0. 027）	（0. 024）
lnSer	0. 111	− 0. 068	0. 450 ***	− 0. 033	0. 106	− 0. 079
	（0. 074）	（0. 052）	（0. 150）	（0. 161）	（0. 079）	（0. 054）
IV_HSR		0. 320 ***		0. 638 ***		0. 255 ***
		（0. 026）		（0. 054）		（0. 028）
样本数	1930	1930	237	237	1693	1693
R^2	0. 081		0. 372		0. 042	
固定效应	YES	YES	YES	YES	YES	YES
第一阶段回归 F 统计量		145. 87 [0. 000]		136. 54 [0. 000]		79. 58 [0. 000]
Cragg-Donald Wald F 统计量	156. 295		149. 655		86. 990	
Kleibergen-Paap rk LM 统计量	128. 607 [0. 000]		52. 186 [0. 000]		72. 761 [0. 000]	

注：①表中 *** 、 ** 和 * 分别表示在1%、5%和10%水平上显著，（ ）内为稳健标准误，［ ］内为 p 值；②（1）（3）（5）列为第二阶段回归结果，（2）（4）（6）列为第一阶段回归结果。

3. 行业异质性分析

前面在制造业整体层面上，考察高铁对城市制造业集聚的影响，这部分从行业异质性角度，进一步考察开通高铁对不同要素密集度行业影响的异质性问题，延续前面的做法，将制造业按照要素密集度划分为劳动密集型、资本密集型和技术密集型制造业行业，进行分行业分析。

表4-12报告了回归结果，可以看出劳动密集型行业回归结果中，无论是中心城市还是外围城市分组回归，高铁变量的系数均为负值，且至少在

5%水平上显著，说明开通高铁对劳动密集型行业集聚会产生显著的负向影响，不利于沿线城市的劳动密集型行业集聚。劳动密集型行业处于整个产业链条的低端位置，行业的利润率较低，且易受工资和地价等要素价格上涨影响，高铁可能通过推高要素价格，而对劳动密集型行业的集聚产生抑制效应。在资本密集型行业，高铁变量在中心城市和外围城市分组回归中的系数分别为 −0.200 和 0.402，但仅在外围城市回归中高铁变量的系数通过了5%水平的显著性检验，这说明开通高铁对中心城市资本密集型行业集聚的负向抑制效应并不明显，但显著促进了资本密集型行业在沿线外围城市集聚。在技术密集型行业，高铁变量在中心城市和外围城市分组回归中系数分别为 −0.420 和 0.424，且分别在5%和1%水平上显著，说明高铁会对制造业在沿线中心城市集聚产生显著的负向影响，但能够显著促进制造业在沿线外围城市集聚。分行业的回归结果表明，高铁对不同行业的影响存在差异，高铁会促使资本密集型行业和技术密集型行业在外围城市集聚，同时会抑制这些行业在中心城市集聚，而对于劳动密集型行业而言，高铁会抑制该行业在高铁沿线城市集聚。

表 4 −12　　　　　开通高铁对城市制造业不同行业集聚的异质性影响

变量	劳动密集型		资本密集型		技术密集型	
	中心城市	外围城市	中心城市	外围城市	中心城市	外围城市
HSR	−0.501 **	−0.313 **	−0.200	0.402 **	−0.420 **	0.424 ***
	(0.245)	(0.148)	(0.192)	(0.167)	(0.206)	(0.161)
$Urban$	2.415 **	1.968 ***	1.246	1.534 ***	3.329 **	0.331
	(1.193)	(0.342)	(1.141)	(0.358)	(1.460)	(0.368)
$Urban^2$	−1.386	−1.399 ***	−0.640	−1.181 ***	−2.428 **	−0.459
	(0.972)	(0.287)	(0.935)	(0.304)	(1.175)	(0.313)
Gov	−3.370	0.993 **	−4.860 **	1.175 **	−6.821 ***	0.118
	(2.520)	(0.477)	(2.062)	(0.503)	(2.396)	(0.566)
$Infra$	0.118 **	0.003	0.089 **	−0.055	0.039	−0.039
	(0.058)	(0.029)	(0.045)	(0.040)	(0.059)	(0.038)
$\ln Ser$	0.402	0.063	0.528 ***	0.117	0.172	0.019
	(0.246)	(0.099)	(0.194)	(0.104)	(0.200)	(0.110)
固定效应	YES	YES	YES	YES	YES	YES

续表

变量	劳动密集型		资本密集型		技术密集型	
	中心城市	外围城市	中心城市	外围城市	中心城市	外围城市
样本数	237	1693	237	1693	237	1693
R^2	0.047 (0.246)	0.134 (0.099)	0.087 (0.194)	0.116 (0.104)	0.024 (0.200)	0.098 (0.110)
第一阶段回归 F 统计量	28.53	79.58	28.53	79.58	28.53	79.58
Cragg-Donald *Wald F* 统计量	33.322	86.990	33.322	86.990	33.322	86.990
Kleibergen-Paap *rk LM* 统计量	22.877 [0.000]	72.761 [0.000]	22.877 [0.000]	72.761 [0.000]	22.877 [0.000]	72.761 [0.000]

注：表中 *** 、** 分别表示在 1%、5% 水平上显著，( ) 内为稳健标准误，[ ] 内为 p 值。

4. 稳健性检验

前面分别采用双向固定效应模型以及双向固定效应模型结合工具变量的方法，考察了高铁通车对中心城市和外围城市制造业集聚的异质性影响，发现高铁通车将促使制造业向高铁沿线的外围城市集聚，提高了位于沿线外围城市的制造业集聚水平，同时促进了沿线中心城市制造业的空间扩散。那么，前面实证结果是否可靠，高铁通车是否真的推动了制造业向高铁沿线外围城市集聚，从而重构了制造业的空间格局呢？为了保证前面实证结果的可靠性，这部分本书通过以下几个角度对前面的实证结果进行稳健性检验。

（1）稳健性检验Ⅰ：标准双重差分法估计（DID）。

在前面高铁变量的构造中，我们将 t 时期拥有站点的城市设为 1，t 时期未设有高铁站点的城市设为 0，从而构造了不同时点高铁是否开通的二值变量，而传统标准的双重差分法要求 t 为同一时点。实际上，前面采用的面板数据双向固定效应模型是一种广义的双重差分估计模型（Cameron & Trivedi，2005），也即多期双重差分模型，适用于高铁在各城市开通有先有后的高铁效应评估。周玉龙等（2018）和张梦婷等（2018）均采用这种方法对高铁效应进行估计，但在以往的研究文献中，也有不少学者将高铁通车时点设置为同一时期，采用标准的双重差分法进行高铁通车效应的评估，如董艳梅和朱英明（2016）、施震凯等（2018）、朱文涛等（2018）运用标准的双重差分模型，评估了高铁建设的影响。那么如果采用标准的双重差分法，本书的实证结论是否会发生改变呢？

这部分以 2008 年拥有高铁站点的 42 个外围城市为处理组，以考察期均无高铁站点的 120 个城市为对照组①，通过构建如下标准双重差分模型对前面的实证结果进行稳健性测试：

$$\ln LQ_{it} = \alpha + \alpha_1 \times Treat_i + \alpha_2 \times Time_t + \alpha_3 \times Treat_i \times Time_t + \eta \times X + \varepsilon_{it} \tag{4-11}$$

其中，$Treat_i$ 为分组变量，当城市 i 拥有高铁站点则设为 1，反之则为 0；$Time_t$ 为时期变量，其数值在 2008~2013 年为 1，在 2004~2007 年为 0；X 为控制变量向量；ε_{it} 为随机误差项。我们关注的焦点是交叉项 $Treat_i \times Time_t$ 的系数 α_3。

表 4-13 报告了基于标准双重差分的估计结果，（1）（2）列报告了基于 OLS 回归的结果，无论是否加入控制变量，交叉项系数均在 1% 水平上显著为正，采用标准双重差分估计模型、估计结果与前面结果一致，而控制变量的系数符号和显著性也与前面实证结果相似，说明高铁通车确实有助于提高外围城市的制造业集聚水平。考虑到高铁建设可能存在的内生性问题，这部分还利用工具变量法对模型（4-11）所示的标准双重差分模型进行工具变量法估计，表 4-13 的（3）（4）列报告了回归结果，可以看出采用工具变量法估计的回归结果中，交叉项系数为正，且至少通过了 5% 水平的显著性检验，且控制变量的系数符号及显著性也没有发生明显变化，这进一步证明了本书实证结果的稳健性。

① 这些处理组城市包括：唐山、上饶、东莞、保定、信阳、咸宁、商丘、嘉兴、四平、孝感、安阳、宜春、岳阳、常州、开封、徐州、德州、新乡、新余、无锡、株洲、沧州、泰安、淄博、滁州、漯河、潍坊、盘锦、秦皇岛、苏州、萍乡、葫芦岛、蚌埠、衢州、许昌、邢台、邯郸、铁岭、锦州、镇江、驻马店、鹰潭。考虑到省会城市、直辖市和计划单列市经济发展水平较高，城市特征与外围城市存在较大差异，考察期也均开通了高铁，较难找到合适的对照组，因此，对中心城市做了剔除。

表 4 – 13　　　　　　　　　标准双重差分法估计结果

变量	OLS		IV_2SLS	
	(1)	(2)	(3)	(4)
Treat	0.000 (0.146)	-0.582 *** (0.158)	0.542 *** (0.126)	0.631 *** (0.133)
Time	0.136 * (0.071)	0.228 *** (0.058)	0.448 *** (0.062)	0.350 *** (0.111)
Treat × Time	0.206 *** (0.048)	0.204 *** (0.044)	0.264 *** (0.092)	0.196 ** (0.089)
Urban		1.020 *** (0.348)		1.017 *** (0.332)
$Urban^2$		-0.685 ** (0.333)		-0.681 ** (0.320)
Gov		0.496 ** (0.235)		0.494 ** (0.221)
Infra		-0.012 (0.016)		-0.012 (0.015)
lnSer		0.304 *** (0.108)		0.303 *** (0.102)
_cons	-0.311 *** (0.118)	0.702 ** (0.338)	-0.879 *** (0.084)	-0.510 ** (0.257)
样本数	1600	1559	1600	1559
R^2	0.717	0.712	0.717	0.712
Kleibergen-Paap rk LM 统计量			262.588 [0.000]	246.542 [0.000]
Cragg-Donald Wald F 统计量			209.093	197.620
第一阶段 F 统计量			149.20	141.65

注：表中（ ）内为稳健标准误，［ ］内为 p 值，*** 、** 和 * 分别表示在 1% 、5% 和 10% 水平上显著。

在运用标准双重差分法估计高铁开通对外围城市制造业集聚的影响，必须满足一个重要的前提，也即高铁开通这一事件冲击之前，处理组和对照组必须满足"平行趋势假设"。本书借鉴龙小宁和万威（2017）的做法，采用分组变量 $Treat_i$ 与高铁通车前的年度虚拟变量相乘来检验高铁通车前，处理组和对照组是否满足平行趋势，表4-14报告了平行趋势的检验结果，可以看出分组变量与年度虚拟变量乘积项系数均不显著，这说明可以通过高铁开通前满足平行趋势的原假设。为了更为直观地展示，本书画出了对照组和处理组城市制造业区位熵对数的平均走势图（见图4-1），可以看出在高铁开通前处理组和对照组的区位熵平均值走势基本一致。

表4-14 平行趋势检验

变量	lnLQ	
	（1）	（2）
$Treat \times Year2004$	-0.236（0.166）	-0.154（0.159）
$Treat \times Year2005$	-0.201（0.140）	-0.103（0.126）
$Treat \times Year2006$	-0.197（0.140）	-0.092（0.124）
$Treat \times Year2007$	-0.190（0.137）	-0.091（0.123）
控制变量	NO	YES
样本数	1600	1559
R^2	0.060	0.169

注：表中（ ）内为稳健标准误。

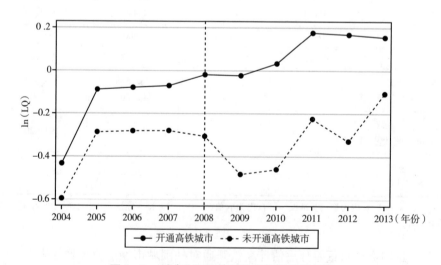

图4-1 制造业区位熵对数变化的时间走势

（2）稳健性检验Ⅱ：更换核心解释变量。

在前面的实证中，采用二值变量来表征一个城市是否已开通了高铁，进而评估高铁建设对制造业集聚的影响。考虑到高铁开通对一个城市的直接影响体现于可达性的极大改善，这部分本书借鉴陈和海恩斯（2017）的方法，以日常可达性系数作为表征城市是否开通高铁的替代变量，基于可达性视角，对前面的回归结果进行稳健性检验。具体地，我们收集了2006～2013年陆续开通高铁的103个城市之间，两两对应的铁路旅行时间数据，在此基础上构造如下高铁可达性系数：

$$Acct_{it} = \sum_{j=1}^{n} Pop_{j,t} \times \tau_{ij,t} \qquad (4-12)$$

其中，$Acct_{it}$ 为 i 城市在 t 时期的高铁可达性系数，用以替代（4-10）式中的 HSR_{it}，下标 i,j 分别表示 i 城市和能够通过铁路出行方式到达 i 城市的城市 j，t 为年份；$Pop_{j,t}$ 表示 t 年度城市 j 的人口数量；$\tau_{ij,t}$ 为 t 年度 i 城市到 j 城市进行舒适一日游的适当时间限制。参考陈和海恩斯（2017）的做法，当城市之间的铁路旅行时间小于4小时时，$\tau_{ij,t} = 1$，否则 $\tau_{ij,t} = 0$。我们用 $lnAcct_{it}$ 替换模型（4-10）的 HSR_{it} 进行回归估计。

为了克服可能存在的内生性问题，我们以高铁日常可达性系数滞后一期作为高铁可达性的工具变量，进行了工具变量法回归，并在表4-15中报告了工具变量法回归结果。表4-15中的（1）～（3）列报告了中心城市组的回归结果，无论是否加入控制变量或是否采用工具变量法估计，高铁可达性系数均为负值，且至少在10%水平上显著，说明高铁日常可达性的提高抑制了中心城市的制造业集聚；（4）～（6）列报告了外围城市组的回归结果，各列回归结果均显示高铁可达性的系数至少在10%水平上显著为正，说明高铁带来的可达性提高确实促进了制造业在沿线外围城市集聚，这说明更换核心解释变量的回归结果仍然支持了前面的实证结论。

（3）稳健性检验Ⅲ：更换被解释变量。

这部分通过更换被解释变量对前面的实证结论进行稳健性检验。我们分别用制造业就业人数取对数（$lnEmp\_job_{it}$）和城市制造业就业占所有城市制造业就业总和比重（$Emprate_{it}$）来反映制造业在地级市的集聚，替换前面实证中采用制造业区位熵作为被解释变量后，进行回归估计。

表 4 - 15 更换核心解释变量的回归结果

变量	中心城市			外围城市		
	FE	FE	FE + IV	FE	FE	FE + IV
	(1)	(2)	(3)	(4)	(5)	(6)
ln*Acct*	- 0. 250 ***	- 0. 159 **	- 0. 363 *	0. 127 **	0. 113 **	0. 253 *
	(0. 052)	(0. 072)	(0. 198)	(0. 053)	(0. 050)	(0. 145)
N	163	160	136	476	456	391
R^2	0. 782	0. 821	0. 802	0. 792	0. 770	0. 767
控制变量	NO	YES	YES	NO	YES	YES
时间固定效应	NO	NO	NO	YES	YES	YES
城市固定效应	YES	YES	YES	YES	YES	YES
Kleibergen-Paap *rk LM* 统计量			5. 567 [0. 018]			12. 202 [0. 000]
Cragg-Donald *Wald F* 统计量			14. 145			63. 578

注：表中 ***、** 和 * 分别表示在1%、5%和10%水平上显著，（ ）内为稳健标准误，［ ］内为 p 值。年度虚拟变量并没有通过联合显著性检验，因此，在中心城市分组回归中未加入时间虚拟变量。

表 4 - 16 报告了稳健性检验的回归结果。从表 4 - 16 可以看出，以制造业就业人数对数作为被解释变量的回归中，中心城市组高铁变量系数为 - 0. 663，在5%水平上通过了显著性检验，而在外围城市组中高铁变量系数为 0. 254，在1%水平上显著。而以城市制造业就业人数占所有城市制造业就业人数总和比重作为被解释变量时，中心城市组高铁变量系数为负，且在10%水平上通过了显著性检验，外围城市组系数为正，也在10%水平上显著，也说明本书的实证结论是比较稳健的。

表 4 - 16 更换被解释变量的回归结果

变量	ln*Emp_ job*		*Emprate*	
	中心城市	外围城市	中心城市	外围城市
HSR	- 0. 663 **	0. 254 ***	- 0. 005 *	0. 001 *
	(0. 281)	(0. 093)	(0. 003)	(0. 001)
控制变量	YES	YES	YES	YES

续表

变量	lnEmp_job		$Emprate$	
	中心城市	外围城市	中心城市	外围城市
时间固定效应	YES	YES	YES	YES
城市固定效应	YES	YES	YES	YES
样本数	264	1884	264	1884
R^2	0.933	0.871	0.888	0.835

注：表中 *** 、** 和 * 分别表示在 1%、5% 和 10% 水平上显著，（ ）内为稳健标准误。

4.3　本章小结

本章从省域制造业行业集聚维度和城市制造业集聚维度双重视角，考察了高铁开通对制造业集聚的影响。省域行业集聚维度的考察表明：高铁服务提供强度增加显著抑制了省域制造业行业集聚水平，促进了制造业的空间扩散。中国高铁服务提供对技术密集型制造业行业集聚的负向影响要大于劳动密集型和资本密集型制造业行业。城市制造业集聚维度的考察表明：高铁的开通对中心城市制造业集聚有显著的抑制作用，但有助于提高外围城市的制造业集聚水平。考虑了高铁建设的内生性问题之后，实证结果依然稳健，这说明高铁已成为重构制造业空间格局的重要力量。基于本章的量化分析结果，我们可以得出这样的结论：高铁的开通之所以会抑制省域制造业行业的集聚水平，原因在于高铁的开通促进了制造业由中心城市向外围城市扩散，促进了制造业的空间重构。

| 第 5 章 |

进一步分析：高铁溢出效应与制造业跨行政边界集聚

在第 4 章的第二节中，本书考察了开通高铁对城市制造业集聚的影响，发现开通高铁对沿线外围城市制造业集聚具有积极意义，能够显著提高沿线外围城市的制造业集聚水平，但在第 4 章中，本书仅考虑了开通高铁对本地城市制造业集聚的影响，并没有考虑高铁网络可能存在的空间溢出效应。实际上，交通基础设施具有明显的网络外部性特征（Álvarez-Ayuso，2016；Yu et al，2013；李涵和唐丽淼，2015）。也即交通基础设施建设除了对本地经济活动产生影响外，还可能通过空间溢出效应，影响周边地区的经济活动。从现有文献来看，虽然围绕交通基础设施的空间溢出效应，学者们已开展了一定程度的考察，但目前国内外文献较多围绕着公路基础设施展开，考察公路基础设施的空间溢出效应。对于铁路设施，特别是高铁的空间溢出效应，目前的研究却鲜有涉及。

高铁对所在城市制造业集聚而言，最为直接的影响是高铁的开通使得该城市与其他设有铁路客运站点的城市之间，在旅行时间上实现了极大节约，旅行时间极大压缩带来的可达性条件改善，优化了城市的集聚条件，进而影响制造业区位。基于这点考虑，本书采用与陈和海恩斯（2017）相似的做法，从可达性角度切入，基于两两城市铁路站点之间的列车旅行时间数据，构造可达性指标，间接评估高铁发展对制造业跨边界集聚的影响，具体地，本书以 66 个具有铁路客运站点的外围城市作为研究样本①。在收集两两城市

---

① 66 个地级城市包括：唐山、秦皇岛、邯郸、保定、张家口、廊坊、大同、包头、鞍山、抚顺、本溪、丹东、锦州、阜新、辽阳、吉林、齐齐哈尔、鸡西、鹤岗、大庆、伊春、佳木斯、牡丹江、无锡、徐州、常州、苏州、南通、扬州、温州、嘉兴、湖州、芜湖、蚌埠、淮南、淮北、泉州、九江、淄博、枣庄、烟台、潍坊、济宁、泰安、临沂、开封、洛阳、平顶山、安阳、新乡、焦作、黄石、宜昌、襄阳、荆州、珠海、汕头、佛山、湛江、东莞、中山、柳州、北海、南充、宜宾、资阳。

之间的列车旅行时间基础上，构造了反映城市高铁可达性的相关指标，实证分析了高铁发展带来的城市可达性变迁对外围城市制造业集聚的本地影响及空间溢出效应。

本章研究包含以下几个部分：一是构造高铁可达性指标，用以反映考察的城市在铁路提速前后可达性变化，这是估计高铁空间溢出效应的关键步骤；二是构造合适的空间权重，在对核心解释变量与被解释变量进行相关性分析基础上，对主要变量进行空间相关性诊断，判断变量是否存在显著的空间相关性，这是进行空间分析的前提和基础；三是选择最适合的空间计量模型对高铁溢出效应进行评估。

5.1　变量、数据与模型构建

5.1.1　变量选取与数据说明

本章节选取的被解释变量为制造业区位熵，具体计算公式已在第 4 章给出。选取的核心解释变量为城市高铁可达性，借鉴陈和海恩斯（2017）类似的方法，本章节分别构造了日常可达性系数和可达性潜力作为城市高铁可达性的衡量指标，核心解释变量的说明如下：

（1）日常可达性系数。衡量了城市旅客通过铁路运输系统在一定的时限范围内可以到达城市数量的机会，借鉴陈和海恩斯（2017）的研究我们将时间设定为 4 个小时，4 小时通常被认为可以进行舒适一日游的时间。采用日常可达性系数作为城市高铁可达性的第一个替代变量，具体计算公式如下：

$$Act_{i,t}^1 = \sum_{j=1}^n Pop_j \times \gamma_{ij} \qquad (5-1)$$

其中，Pop_j 为城市 j 的人口数量；γ_{ij} 为时间阈值，如果 i 到 j 城市的旅行时间大于 4 个小时，则设 $\gamma_{ij} = 0$，小于 4 个小时，则设 $\gamma_{it} = 1$。

（2）可达性潜力。是对城市接近市场可能性的一种度量，经济地理学认为城市之间的相互引力与市场规模成正比，而与城市之间的距离成反比，将城市之间的距离用铁路旅行时间加以替代，作为城市高铁可达性的另一替代变量。可达性潜力的公式如下：

$$Act_{i,t}^2 = \sum_{j=1}^{n} GDP_{j,t}/Time_{ij,t} \qquad (5-2)$$

其中，$GDP_{j,t}$ 为 j 城市在 t 时期的国内生产总值，$Time_{ij,t}$ 为 t 时期 i 城市到 j 城市的铁路旅行时间。

另外，为了减少遗漏变量造成的估计偏误，这部分还加入了人力资本（Edu_{it}）、产业结构（$Indus_{it}$）和政府支出强度（Gov_{it}）等代表城市特征的控制变量，其中人力资本采用每万人中在校大学生人数表示，即人力资本 = 在校大学生人数/地区年末总人口；产业结构采用第三产业就业比重表示，即产业结构 = 第三产业从业人员数/年末单位从业人员数；政府支出强度采用每单位国土面积财政支出规模表示，即政府支出强度 =（地方财政一般预算内支出 - 科技支出 - 教育支出）/行政区划面积。图 5-1 给出了高铁可达性变量与制造业区位熵之间的关系散点图，可以看出可达性潜力与日常可达性系数变量均与制造业区位熵呈正向线性关系，为了防止异常值对回归结果的影响，对各变量进行了 1% 的缩尾处理。

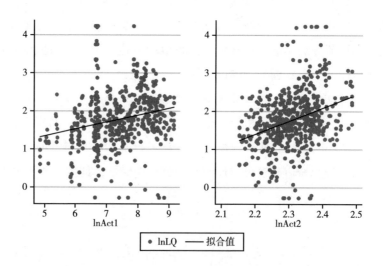

图 5-1　高铁可达性与制造业区位熵关系散点图

本章数据来源于以下几个数据库：一是国家统计局公布的 2006~2013 年《工业企业数据库》，前面章节已对该数据库进行了介绍本章不再重复；二是铁道出版社、北京极品时刻科技有限公司出版的《极品列车时刻表》，通过输入城市站点名称，采用站站查询的方法，通过输入两个城市站点，获得两两城市站点的最短列车旅行时间；三是 EPS 全球统计数据及分析平台中的中国城市数据库，该数据库包含了中国城市层级的经济数据，按照数据类型分为市辖区和全市数据，所有指标均采用全市数据。本章节选取的数据时间段为 2006~2013 年，以 66 个外围城市共 528 个样本为考察对象。

5.1.2　空间权重与空间相关性诊断

在进行空间计量分析之前必须对各变量的空间相关性进行检验，借鉴多数文献的做法，采用 *Morans'I* 指数对各变量空间相关性进行检验。*Morans'I* 指数的具体计算公式为：

$$Morans'I = \frac{\sum_{i=1}^{n}\sum_{j=1}^{n}W_{ij}(Y_i - \overline{Y})(Y_j - \overline{Y})}{S^2\sum_{i=1}^{n}\sum_{j=1}^{n}W_{ij}} \qquad (5-3)$$

其中，$S^2 = (1/n) \times \sum_{i=1}^{n}(Y_i - \overline{Y})$ 为样本方差，$\overline{Y} = (1/n) \times \sum_{i=1}^{n}Y_i$ 为样本均值，Y_i 为城市 i 的观测值，n 为考察的城市个数，W_{ij} 为 $n \times n$ 维空间权重。$-1 \leqslant Morans'I \leqslant 1$，当 $Morans'I = 0$ 表示样本分布是独立和随机的，不存在空间相关性；当 $-1 \leqslant Morans'I < 0$，表示空间负相关；当 $0 < Morans'I \leqslant 1$，表示空间正相关。

空间权重矩阵 W_{ij} 的设置无论对于空间相关性检验，还是空间计量估计均十分关键，本章通过设置多种空间权重来保证实证结果的稳健性。

1. 地理距离权重（W_1）

在早期研究中，邻接权重得到较多的运用，但是邻接权重隐含一个不太合理的假设，也即认为空间单元之间是否相互影响仅取决于其是否相邻，只有相邻的空间单元之间才存在相互联系，实际上随着经济全球化和区域一体化进程的加快，空间单元之间即使不相邻也仍然存在各种联系。因此，近年来，在空间计量领域，基于球面距离或欧式距离构造地理距离权重，得到更为频繁的使用。地理距离权重的设置一般是基于球面距离或欧式距离的倒数或倒数的平方来构造空间权重矩阵，这种权重矩阵构造方法符合地理学第一定律，也即任何事物与其他周围事物之间均存在联系，而距离较近的事物总比距离较远的事物联系更为紧密。本章选择较为常用的地理距离倒数平方来构造地理距离权重[①]，具体公式为：

$$W_1 = \begin{cases} 1/d_{ij}^2, i \neq j \\ 0, i = j \end{cases} \qquad (5-4)$$

2. 经济地理复合权重（W_2）

城市之间的关联效应可能不仅体现为随地理距离增加而衰减，还可能表现为经济发展水平较高的城市对周边城市的影响和辐射作用更强，本书借鉴李婧等（2010）的做法构建以下经济地理复合权重：

$$W_2 = W_1 \times diag(\overline{E}_1/\overline{E}, \overline{E}_2/\overline{E}, L, \overline{E}_n/\overline{E}) \qquad (5-5)$$

其中，W_2 为经济地理复合权重；W_1 为式（5-4）给出的地理距离权重；E_i 为城市 i 在考察期内实际 GDP 平均值，$i = 1,2,3,\cdots,n$，$\overline{E}_i = [1/n(t_1 - t_0 + 1)]\sum_{t_0}^{t_1} E_{it}$；$\overline{E}$ 为所有城市样本在考察期内加总的实际 GDP 取均值，$\overline{E} = [1/n(t_1 - t_0 + 1)]\sum_{i=1}^{n}\sum_{t_0}^{t_1} E_{it}$[②]。

3. 制度地理复合权重（W_3）

除了构建地理距离权重和经济地理距离复合权重外，本书还构造了基于制度地理距离的空间权重。由于历史的、文化的和经济的原因，我国不同地区制度质量仍然存在明显的差异，处于转型期的中国，各地区市场化进程并不一致。制度环境越为相近的地区，要素流动所面临的制度摩擦越小，基于这种考虑，我们在地理距离权重基础上，进一步构造了以下制度地理距离复合权重矩阵：

$$W_3 = W_1 \times diag(1/\overline{M}_1, 1/\overline{M}_2, L, 1/\overline{M}_n) \qquad (5-6)$$

---

① 两个城市间地理距离测算，是以城市的政府所在地经纬度为基础，通过 R 软件测算城市政府所在地之间的球面距离得到。

② 用居民消费价格指数将名义 GDP 转换为以 2006 年为基期的实际值，由于居民消费价格指数目前仅公布至省一级，限于数据可得性，本书采用地级市所属省级行政区的居民消费价格指数对地级市的名义地区生产总值进行换算。

其中，W_3 为制度地理距离权重，W_1 为式 （5-4） 计算的地理距离权重，$\overline{M}_i$ 为制度距离，$\overline{M}_i = \left[1/(t_1 - t_0 + 1)\right] \sum_{t_0}^{t_1} M_{it}$，$M_{it} = |ins_{it} - ins_{jt}|$，$ins$ 为制度质量。可以看出，计算制度距离的关键在于测算出城市的制度质量，然而制度质量的测算是比较困难的。鉴于已有的研究文献较多基于市场化水平来测度地区制度质量，我们也侧重从市场化角度测算地区制度质量，具体测算方法在本书的第 6 章中进行了详细的说明①。

基于以上三种空间权重矩阵，我们测算了被解释变量和核心解释变量，2006～2013 年主要变量的 $Morans'I$ 指数值如表 5-1 所示。可以看出，三种不同权重的 $Morans'I$ 指数均在 0～1，且对应的 p 值均为 0.000，各变量表现出明显的空间正相关性。

表 5-1　　　　　　　　　2006～2013 年主要变量的 $Morans'I$ 指数

权重	变量	2006 年	2007 年	2008 年	2009 年	2010 年	2011 年	2012 年	2013 年
W_1	$\ln LQ$	0.543 *** (0.00)	0.546 *** (0.00)	0.544 *** (0.00)	0.457 *** (0.00)	0.454 *** (0.00)	0.538 *** (0.00)	0.533 *** (0.000)	0.464 *** (0.00)
	$\ln Act^1$	0.562 *** (0.00)	0.567 *** (0.00)	0.574 *** (0.00)	0.553 *** (0.00)	0.556 *** (0.00)	0.453 *** (0.00)	0.561 *** (0.00)	0.534 *** (0.00)
	$\ln Act^2$	0.602 *** (0.00)	0.610 *** (0.00)	0.600 *** (0.00)	0.612 *** (0.00)	0.622 *** (0.00)	0.637 *** (0.00)	0.607 *** (0.00)	0.580 *** (0.00)
W_2	$\ln LQ$	0.393 *** (0.00)	0.403 *** (0.00)	0.416 *** (0.00)	0.320 *** (0.00)	0.294 *** (0.00)	0.397 *** (0.00)	0.392 *** (0.00)	0.354 *** (0.00)
	$\ln Act^1$	0.482 *** (0.00)	0.485 *** (0.00)	0.494 *** (0.00)	0.486 *** (0.00)	0.494 *** (0.00)	0.387 *** (0.00)	0.491 *** (0.00)	0.447 *** (0.00)
	$\ln Act^2$	0.478 *** (0.00)	0.482 *** (0.00)	0.478 *** (0.00)	0.492 *** (0.00)	0.501 *** (0.00)	0.530 *** (0.00)	0.500 *** (0.00)	0.456 *** (0.00)
W_3	$\ln LQ$	0.498 *** (0.00)	0.494 *** (0.00)	0.481 *** (0.00)	0.425 *** (0.00)	0.423 *** (0.00)	0.509 *** (0.00)	0.495 *** (0.00)	0.489 *** (0.00)
	$\ln Act^1$	0.558 *** (0.00)	0.576 *** (0.00)	0.580 *** (0.00)	0.540 *** (0.00)	0.552 *** (0.00)	0.471 *** (0.00)	0.562 *** (0.00)	0.528 *** (0.00)
	$\ln Act^2$	0.568 *** (0.00)	0.578 *** (0.00)	0.569 *** (0.00)	0.577 *** (0.00)	0.593 *** (0.00)	0.616 *** (0.00)	0.600 *** (0.00)	0.564 *** (0.00)

注：表中 （ ） 内为 $Morans'I$ 对应的 p 值，*** 表示在 1% 水平上显著。$\ln Act^1$ 为日常可达性系数对数，$\ln Act^2$ 为可达性潜力对数。

---

① 第 6 章中分别选取外商直接投资占 GDP 比重、个体和私营企业就业人数占总人数比重、政府支出占 GDP 比重、工业总产值中外资和港澳台企业工业总产值比重、人均专利申请授权数等作为制度质量的分项指标，运用主成分分析法构造了反映地区制度质量的综合指标。

5.1.3　空间杜宾模型的设定

空间相关性检验表明应该将传统计量模型拓展为包含空间关联效应的空间计量模型，本章采用空间杜宾模型对高铁可达性的溢出效应进行估计，空间杜宾模型（SDM）的一般表达式为：

$$Y_t = \delta W Y_t + \alpha_l I_N + X_t\beta + W\theta X_t + \varepsilon \qquad (5-7)$$

其中，Y_t 为被解释变量的列向量；W 为空间权重矩阵；X_t 为解释变量矩阵；α_l 为常数项；I_N 为单位矩阵；$\delta W Y_t$ 为被解释变量的空间滞后项，表示来自其他空间单元被解释变量对本地区被解释变量的溢出效应；$W\theta X_t$ 表示来自其他空间单元解释变量对本地区解释变量的影响。δ、β 和 θ 为待估参数，ε 为随机误差项。如果 $\theta = 0$，则空间杜宾模型将退化为空间自回归模型（SAR）：

$$Y_t = \delta W Y_t + \alpha_l I_N + X_t\beta + \varepsilon \qquad (5-8)$$

而如果 $\theta = \delta\beta$，则空间杜宾模型将退化为空间误差模型（SEM）：

$$Y_t = \alpha_l I_N + X_t\beta + u$$
$$u = \lambda W_u + \varepsilon \qquad (5-9)$$

如果 $\theta + \delta\beta = 0$，则有 $\lambda = \delta$。

莱萨格和佩斯（2009）认为使用点估计检验空间溢出效应，可能会出现模型估计偏误问题，为了更为准确地估计空间溢出效应，必须借助于运用偏导数的方法，将总效应分解为直接效应和间接效应，具体地，可以将式（5-7）转换为以下形式：

$$Y_t = (1-\delta W)^{-1}\alpha_l I_N + (1-\delta W)^{-1}(X_t\beta + W X_t\theta) + (1-\delta W)^{-1}\varepsilon$$
$$(5-10)$$

运用式（5-10）对解释变量求偏导数可以得到：

$$\left[\frac{\partial Y}{\partial X_{1K}}, \cdots, \frac{\partial Y}{\partial X_{NK}}\right] = \begin{bmatrix} \frac{\partial Y_1}{\partial X_{1K}} & , \cdots, & \frac{\partial Y_1}{\partial X_{NK}} \\ \cdots & \cdots & \cdots \\ \frac{\partial Y_N}{\partial X_{1K}} & , \cdots, & \frac{\partial Y_N}{\partial X_{NK}} \end{bmatrix}$$

$$= (1 - \delta W)^{-1} \begin{bmatrix} \beta_1 & W_{12}\theta_K & , \cdots , & W_{1N}\theta_K \\ W_{21}\theta_K & \beta_2 & , \cdots , & W_{2N}\theta_K \\ \cdots & \cdots & \cdots & \cdots \\ W_{N1}\theta_K & W_{N2}\theta_K & , \cdots , & \beta_K \end{bmatrix}$$

$$(5-11)$$

式（5-11）最右端矩阵中对角线系数为直接效应，表示解释变量对本地被解释变量的直接影响，非对角线系数为间接效应，表示其他地区解释变量对本地区被解释变量的空间溢出效应。以上仅给出了空间杜宾模型的一般形式，结合本书的研究实际，用于实证分析的空间杜宾模型具体形式为式（5-12）：

$$\ln LQ_{it} = \alpha_0 + \alpha_1 \times \ln Act_{it}^k + \alpha_2 \times indus_{it} + \alpha_3 \times edu_{it} + \alpha_4 \times gov_{it} +$$
$$\beta_1 \times w_{ij}\ln Act_{jt}^k + \beta_2 \times w_{ij}indus_{jt} + \beta_3 \times w_{ij}edu_{jt} +$$
$$\beta_4 \times w_{ij}gov_{jt} + \rho w_{ij}\ln LQ_{jt} + \varepsilon_{it} \qquad (5-12)$$

其中，$\ln LQ_{it}$ 为城市 i 在 t 时期制造业就业区位熵的对数，$\ln Act_{it}^k$ 表示城市 i 在 t 时期的第 k 项可达性指标，$indus_{it}$ 为产业结构变量，edu_{it} 为人力资本变量，gov_{it} 为政府支出强度变量，$w_{ij}\ln LQ_{it}$ 为被解释变量空间滞后项，$w_{ij}indus_{it}$、$w_{ij}edu_{it}$ 和 $w_{ij}gov_{it}$ 为解释变量的空间滞后项，ε_{it} 为随机误差项。

5.2　实证分析

5.2.1　基准回归结果

本书利用贝洛蒂等（2013）提供的 xsmle 程序进行空间杜宾模型估计，从稳健性出发，采用地理距离、经济地理距离和制度地理距离空间权重进行估计。在处理空间面板数据时，需要确定哪种模型对样本的解释力更强，表 5-2 报告了基于 MLE 估计的空间杜宾模型回归结果以及有关空间计量模型选择的各种检验结果。具体地，我们通过以下一系列检验，验证空间杜宾模型相比于其他空间模型的优势及确定模型的最优形式。首先，通过 Hausman 检验对采用随机效应还是固定效应进行判断，三种空间权重下的检验结果均拒绝了采用随机效应的原假设，说明采用固定效应模型更为合适；其次，通过 Wald 空间滞后检验判断 $\theta = 0$ 是否成立，也即判断 SDM 模型是否可以简化为 SAR 模型，检验结果均拒绝了 SDM 模型可以简化为 SAR 模型的原假设，我们进一步通过 LR 空间误差检验判断 $\theta + \delta\beta = 0$ 是否成立，也即检验 SDM 模型是否可以简化为 SEM 模型，检验结果拒绝了 SDM 可以简化为 SEM 的原假设；最后，我们通过对比 AIC 和 BIC 值，在 SAC 和 SDM 模型进行选择，检验结果表明加入了误差项之后并没有使 AIC 和 BIC 值变小，说明相比于 SAC 模型，SDM 模型更为合适，通过以上步骤，可以认为采用 SDM 模型是合适的。另外，SDM 模型包含了无固定效应、时间固定效应、空间固定效应和时空固定效应四种，我们主要通过比较 LogL、Sigma^2 和 R^2 的值的大小进行判断，最终选择了包含时间固定效应的 SDM 模型作为实证分析的基准模型。

表 5 - 2 不同空间权重下的 SDM 模型回归结果

变量	地理距离权重（W_1）		经济地理距离权重（W_2）		制度地理距离权重（W_3）	
	（1）	（2）	（3）	（4）	（5）	（6）
$lnAct^1$	0.064 * （0.062）		0.149 *** （0.000）		0.116 *** （0.001）	
$lnAct^2$		1.775 *** （0.007）		2.651 *** （0.000）		1.940 *** （0.002）
$Indus$	− 0.013 （0.944）	− 0.039 （0.841）	− 0.225 （0.272）	− 0.204 （0.313）	0.028 （0.886）	0.022 （0.913）
Edu	− 0.001 *** （0.000）	− 0.001 *** （0.000）	− 0.001 *** （0.009）	− 0.001 *** （0.000）	− 0.001 *** （0.000）	− 0.001 *** （0.000）
Gov	0.001 *** （0.000）	0.001 *** （0.000）	0.001 *** （0.000）	0.001 *** （0.000）	0.001 *** （0.000）	0.001 *** （0.000）
$W \times lnAct^1$	0.096 * （0.053）		0.053 （0.357）		0.016 （0.740）	
$W \times lnAct^2$		1.264 （0.176）		1.426 （0.234）		1.355 （0.116）
$W \times Edu$	− 1.061 ** （0.012）	− 0.803 * （0.054）	− 1.195 *** （0.010）	− 0.891 ** （0.048）	− 0.513 （0.194）	− 0.278 （0.473）
$W \times Indus$	0.003 *** （0.000）	0.002 *** （0.000）	0.004 *** （0.000）	0.003 *** （0.000）	0.002 *** （0.000）	0.002 *** （0.000）
$W \times Gov$	− 0.001 ** （0.027）	− 0.001 ** （0.033）	− 0.001 *** （0.000）	− 0.001 *** （0.001）	− 0.000 （0.137）	− 0.001 * （0.087）

续表

变量	地理距离权重（W_1）		经济地理距离权重（W_2）		制度地理距离权重（W_3）	
	(1)	(2)	(3)	(4)	(5)	(6)
$W \times lnLQ$	0.483*** (0.000)	0.463*** (0.000)	0.316*** (0.000)	0.303*** (0.000)	0.510*** (0.000)	0.477*** (0.000)
$Sigma^2$	0.202*** (0.000)	0.203*** (0.000)	0.240*** (0.000)	0.227*** (0.000)	0.203*** (0.000)	0.201*** (0.000)
样本数	528	528	528	528	528	528
R^2	0.351	0.263	0.383	0.281	0.343	0.248
$LogL$	−340.52	−339.44	−367.50	−367.69	−346.63	−342.20
$Wald$ 空间滞后检验	76.42 (0.000)	62.05 (0.000)	92.80 (0.000)	73.44 (0.000)	69.05 (0.000)	60.61 (0.000)
LR 空间误差检验	81.51 (0.000)	68.50 (0.000)	98.67 (0.000)	77.64 (0.000)	61.91 (0.000)	61.67 (0.000)
$Hausman$ 检验	38.71 (0.000)	47.02 (0.000)	38.79 (0.000)	43.32 (0.000)	47.24 (0.000)	71.18 (0.000)
AIC	701.04	698.89	701.04	755.39	701.04	755.39
BIC	743.73	741.58	743.731	798.08	743.73	798.08

注：表中（ ）内为 p 值，***、** 和 * 分别表示在 1%、5% 和 10% 水平上显著。

表 5 - 2 的（1）（2）列报告了基于地理距离权重的空间杜宾模型估计结果，（3）（4）列报告了基于经济地理距离权重估计的空间杜宾模型回归结果，（5）（6）列报告了基于制度地理距离权重估计的空间杜宾模型回归结果。表 5 - 2 各列报告了基于不同权重的估计结果，可以从表 5 - 2 的回归结果对城市高铁可达性与制造业集聚之间的关系进行初步判断，但莱萨格和佩斯（2009）认为使用点估计检验空间溢出效应可能会出现模型估计偏误问题，有必要借助偏微分方法，将总效应分解为直接效应和间接效应两部分。从表 5 - 2 的回归结果来看，各列回归结果中各可达性变量的系数均显著为正，但从各空间滞后项来看，两个可达性变量的空间滞后项系数的显著性却有一定差异，为了避免点估计检验空间溢出效应可能出现的模型估计偏误问题，借助偏微分方法，将总效应分解为直接效应和间接效应，表 5 - 3 报告了总效应分解为直接效应和间接效应的结果。

表5-3   直接效应、间接效应与总效应

空间权重	变量	直接效应	间接效应	总效应
W_1	$\ln Act^1$	0.083 ** (0.012)	0.231 *** (0.001)	0.314 *** (0.000)
	$\ln Act^2$	0.375 *** (0.122)	3.640 *** (0.003)	5.707 *** (0.000)
W_2	$\ln Act^1$	0.156 *** (0.000)	0.143 ** (0.038)	0.299 *** (0.000)
	$\ln Act^2$	2.811 *** (0.000)	3.091 ** (0.025)	5.902 *** (0.000)
W_3	$\ln Act^1$	0.130 *** (0.000)	0.143 ** (0.034)	0.273 *** (0.000)
	$\ln Act^2$	2.307 *** (0.000)	4.059 *** (0.000)	6.366 *** (0.000)

注：表中（ ）内为 p 值，*** 、** 分别表示在1%、5%水平上显著。

（1）直接效应。直接效应也即本地效应，表5-3报告了三种空间权重下的直接效应估计结果，可以看出三种空间权重下，两个可达性变量的系数均为正，且均至少在5%水平上显著，说明高铁带来的城市可达性水平的改善有助于提高本地区制造业集聚水平。可达性改善之所以有助于本地区制造业集聚水平的提高，可以从要素市场和产品市场两方面解释：一方面，在要素市场上，一个城市可达性改善，扩大了该城市要素供给的市场范围，从而改善了要素供给条件。具体地，从劳动力要素供给来看，可达性条件的改善，使可供本地制造业企业使用的潜在劳动力供给范围由本地扩展至周边城市，而潜在劳动力市场范围的扩大，不仅有助于企业的用工缺口及时得到补充，同时也有利于在充分的劳动力市场竞争中获得适合企业发展的优质劳动力；从资本要素供给来看，可达性条件的改善，有助于促进城市之间的跨城互动交流，减少了城市之间因信息不对称造成的合作难题，例如，两个城市之间的可达性提高，能够有效降低合作企业之间的监督成本，促进跨城企业间的投资合作；从技术要素供给来看，可达性条件的改善，促进了城市之间的交流合作，无论是跨城企业之间的合作交流，还是技术人员的跨城、跨企业流动均会带来一定的技术和知识溢出，技术要素供给有助于提高企业生产率。另一方面，在产品市场上，可达性条件改善，扩大了该城市企业产品供给的市场范围，有助于企业产品的输出，从而提高企业经营绩效。要素供给条件的改善和产品市场范围的扩大，优化了城市的区位条件，吸引了制造业企业在该城市集聚。

（2）间接效应。间接效应也即空间溢出效应。表5-3中可以看出，无论是用日常可达性系数还是可达性潜力变量作为城市高铁可达性的替代变量，

间接效应的系数均为正，且至少在 5% 水平上显著，说明可达性改善的空间溢出效应十分明显，也即高铁带来城市可达性改善不仅有利于促进本地制造业集聚，同时会通过空间溢出效应提高与其相近的铁路沿线城市的制造业集聚水平。高铁带来的城市可达性改善之所以存在显著的空间溢出效应，主要原因在于交通基础设施具有较强的网络性，高铁提高了整个铁路网络的运行效率，极大压缩了城市之间的旅行时间，为生产要素的跨地区流动提供了便利，且能提高城市的经济辐射能力。城市间的禀赋差异形成了不同的比较优势，在可达性水平较低时，受到交通成本的限制，生产要素的跨区流动较为困难，本地企业也较不易将本地的生产能力向周边外溢，高铁带来的可达性改善，减少了生产要素和生产能力跨区流动的成本约束，促进了本地区相对过剩的要素和生产能力向周边地区转移，因此，高铁不仅会促进本地制造业集聚，也会通过空间溢出效应促进沿线邻近城市的制造业集聚。

5.2.2　行业异质性分析

制造业各行业要素投入不同，生产的产品各异，这使得对制造业各行业进行分行业考察显得十分必要，前面考察了高铁带来的城市可达性提高对制造业整体集聚的影响，这部分本书分别考察城市高铁可达性对制造业不同行业的异质性影响。与前面章节一致，本章节依然将制造业各行业按照要素投入密集度将制造业行业分为劳动密集型、资本密集型和技术密集型行业，进行分行业回归比较。表 5 - 4 ~ 表 5 - 6 分别报告了基于地理距离权重、经济地理距离权重和制度地理距离权重的估计结果。

表 5 - 4　　　地理距离权重下直接效应、间接效应与总效应估计结果

行业类别	变量	直接效应	间接效应	总效应
劳动密集型	$\ln Act^1$	0.090 ** （0.047）	- 0.302 *** （0.000）	- 0.213 *** （0.000）
	$\ln Act^2$	- 1.083 （0.204）	- 6.155 *** （0.000）	- 7.238 *** （0.000）
资本密集型	$\ln Act^1$	0.093 ** （0.041）	0.399 *** （0.000）	0.492 *** （0.000）
	$\ln Act^2$	4.183 *** （0.000）	5.259 *** （0.002）	9.442 *** （0.000）
技术密集型	$\ln Act^1$	0.155 *** （0.003）	0.249 *** （0.006）	0.404 *** （0.000）
	$\ln Act^2$	3.459 *** （0.001）	4.544 *** （0.006）	8.003 *** （0.000）

注：表中 ***、** 分别表示在 1%、5% 水平上显著，（ ）内为 p 值。

表5-5 经济地理距离权重下直接效应、间接效应与总效应估计结果

行业类别	变量	直接效应	间接效应	总效益
劳动密集型	$\ln Act^1$	0.098 * (0.051)	-0.428 *** (0.000)	-0.330 *** (0.000)
	$\ln Act^2$	-1.754 * (0.073)	-5.239 *** (0.002)	-6.992 *** (0.000)
资本密集型	$\ln Act^1$	0.226 *** (0.000)	0.190 * (0.062)	0.416 *** (0.000)
	$\ln Act^2$	5.832 *** (0.000)	2.836 (0.155)	8.668 *** (0.000)
技术密集型	$\ln Act^1$	0.311 *** (0.000)	0.057 (0.537)	0.368 *** (0.000)
	$\ln Act^2$	4.702 *** (0.000)	3.858 ** (0.040)	8.560 *** (0.000)

注：表中 ***、** 和 * 分别表示在1%、5%和10%水平上显著，（ ）内为 p 值。

表5-6 制度地理距离权重下直接效应、间接效应与总效应估计结果

行业类别	变量	直接效应	间接效应	总效益
劳动密集型	$\ln Act^1$	0.033 (0.478)	-0.156 ** (0.039)	-0.123 ** (0.046)
	$\ln Act^2$	-1.852 ** (0.032)	-3.555 *** (0.005)	-5.408 *** (0.000)
资本密集型	$\ln Act^1$	0.121 *** (0.006)	0.406 *** (0.000)	0.528 *** (0.000)
	$\ln Act^2$	3.991 *** (0.000)	6.557 *** (0.000)	10.548 *** (0.000)
技术密集型	$\ln Act^1$	0.200 *** (0.000)	0.265 *** (0.005)	0.465 *** (0.000)
	$\ln Act^2$	4.424 *** (0.000)	4.902 *** (0.002)	9.326 *** (0.000)

注：表中 ***、** 分别表示在1%、5%水平上显著，（ ）内为 p 值。

可以看出，在地理距离权重下资本密集型和技术密集型行业中，无论是可达性潜力还是日常可达性系数变量的直接效应均为正，且至少在5%水平上显著，说明高铁发展带来的本地城市可达性水平的提高能够有效地促进制造业集聚，间接效应也均为正，且在1%水平上显著，说明高铁带来的城市可达性水平的提高不仅能够促进本地区制造业集聚，也能够通过铁路的网络效应，促进周边城市的制造业集聚水平的提高，存在显著的空间溢出效应。从总效应来看，在资本密集型和技术密集型行业中，高铁发展带来的城市可达性提高对外围城市制造业集聚影响的总效应均为正值，且均在1%水平上显著。对于劳动密集型行业而言，可达性潜力和日常可达性系数变量的总效应均为负，且通过了1%水平的显著性检验，说明可达性改善并没有促进劳动密集型制造业集聚，而是会对其产生抑制作用。

之所以出现这种情况，主要原因在于：相比资本密集型行业和技术密集型行业，劳动密集型制造业行业生产需要依靠大量的低廉劳动力投入，但由于其生产产品本身的附加值较低，无法提供较具竞争力的工资，这就决定了高铁发展带来的可达性水平提高，实际上并不能对该行业的劳动力流动产生明显的影响，相反可能会由于可达性改善带来的要素价格上升而不利于本地区劳动密集型制造业集聚。

5.2.3　稳健性检验

1. 稳健性检验 I：基于产值计算的区位熵指数

前面采用就业人数计算区位熵指数，分析高铁带来的城市可达性提高对制造业集聚的本地影响及空间溢出效应，那么如果采用制造业产值计算区位熵，实证结果是否依然成立呢？为了确保本书实证结果的稳健性，我们用制造业产值计算的区位熵指数替代就业人数计算的区位熵指数对式（5 - 12）进行回归，以检验实证结果的稳健性。

制造业产值计算区位熵指数，具体公式如下：

$$LQ_{it} = \frac{output_{it}/GDP_{it}}{output_t/GDP_t} \qquad (5-13)$$

其中，$output_{it}$ 为城市 i 的制造业产值，GDP_{it} 为城市 i 的地区生产总值，$output_t$ 为全国层面加总的制造业总产值，GDP_t 为国内生产总值。

表 5 - 7 报告了基于产值计算的制造业区位熵为被解释变量，以日常可达性系数和可达性潜力变量作为高铁可达性替代变量的直接效应和间接效应估计结果。可以看出，以产值代替就业人数计算制造业区位熵进行的回归结果，在不同权重下，直接效应均为正值，且在 1% 水平上显著；间接效应也为正值，也在 1% 水平上显著。替换被解释变量的估计结果，仍然支持高铁带来的可达性改善对本地制造业集聚有显著的正向影响及对邻近城市制造业集聚有正向空间溢出效应的实证结论。

表 5-7 采用产值区位熵指标估计的直接效应、间接效应与总效应

空间权重	变量	直接效应	间接效应	总效应
W_1	$\ln Act^1$	0.134 *** （0.000）	0.143 *** （0.000）	0.276 *** （0.000）
	$\ln Act^2$	2.716 *** （0.000）	2.696 *** （0.000）	5.412 *** （0.000）
W_2	$\ln Act^1$	0.150 *** （0.000）	0.128 *** （0.000）	0.279 *** （0.000）
	$\ln Act^2$	3.032 *** （0.000）	2.340 *** （0.000）	5.373 *** （0.000）
W_3	$\ln Act^1$	0.144 *** （0.000）	0.131 *** （0.000）	0.276 *** （0.000）
	$\ln Act^2$	2.944 *** （0.000）	2.473 *** （0.000）	5.417 *** （0.000）

注：①*** 表示在1%水平上显著，（ ）内为p值。②在用产值区位熵进行估计时，空间误差检验并没有通过，因此，这部分报告了空间滞后模型估计的直接效应和间接效应估计结果。

2. 稳健性检验Ⅱ：更换数据来源的回归结果

稳健性检验Ⅰ中，我们用产值区位熵替代就业区位商验证实证结果的稳健性，但制造业产值指标仍然来源于统计局公布的中国工业企业数据库微观加总数据，那么如果更换数据来源检验结果是否有很大差异呢？如果有很大差异，本书的实证结论可能并不可靠。基于此，为了验证实证数据的可靠性，我们采用更换数据来源的做法，具体地，我们用《城市统计年鉴》中规模以上工业总产值数据，替代稳健性检验Ⅰ中采用的工业企业数据库加总的制造业产值数据，计算产值区位熵指数，进行回归检验。

表 5-8 报告了替换数据来源后的直接效应、间接效应和总效应的估计结果，可以看出替换了数据来源之后，实证结果仍然支持本书的结论。三种空间权重下，作为城市高铁可达性替代变量的日常可达性系数和可达性潜力变量的直接效应均在1%水平上显著，说明城市可达性改善确实促进了本地制造业的集聚，且间接效应除了第一行不显著外，其余各行业均至少在10%水平上显著，说明高铁带来的城市可达性改善会对与其相近的城市制造业集聚产生显著的正向溢出效应。

表 5-8 替换数据来源后直接效应、间接效应与总效应估计

空间权重	变量	直接效应	间接效应	总效应
W_1	$\ln Act^1$	0.157 *** （0.000）	0.053 （0.107）	0.211 *** （0.000）
	$\ln Act^2$	2.710 *** （0.000）	1.558 ** （0.012）	4.269 *** （0.000）

续表

空间权重	变量	直接效应	间接效应	总效应
W_2	$lnAct^1$	0.207 *** （0.000）	0.032 * （0.080）	0.239 *** （0.000）
	$lnAct^2$	3.302 *** （0.000）	0.849 ** （0.046）	4.151 *** （0.000）
W_3	$lnAct^1$	0.168 *** （0.000）	0.052 * （0.097）	0.220 *** （0.000）
	$lnAct^2$	2.815 *** （0.000）	1.619 *** （0.004）	4.434 *** （0.000）

注：表中 ***、** 和 * 分别表示在1%、5%和10%水平上显著，（ ）内为 p 值。

5.3　本章小结

本章是对第4章的进一步扩展分析，主要考察高铁带来的城市可达性改善是否通过空间溢出效应影响制造业集聚。本章研究发现，高铁带来的城市可达性改善，能够在整体上促进制造业在当地的集聚，同时也存在明显的空间溢出效应，即城市高铁可达性的提高不仅能够促进本地城市制造业集聚，同时也会通过空间溢出效应，提高与其相近城市的制造业集聚水平，这或许能够为制造业的跨边界集聚提供部分解释。本书通过分行业分析发现，可达性改善的积极影响主要体现在资本密集型和技术密集型行业，对这两类行业，高铁带来的可达性改善不仅能够促进当地该类行业的集聚程度的提高，同时也会通过空间溢出效应，提高与该城市相近的城市制造业集聚水平，但是对于劳动密集型行业，可达性改善的总效应显著为负，这意味着可达性改善会对劳动密集型制造业集聚产生显著的负向抑制效应，这种负向抑制效应不仅体现在对本地劳动密集型集聚的负向影响，还体现在对与该城市相近的城市劳动密集型集聚产生的负向溢出效应。为什么出现如此之差异，本书认为要素成本压力可能是其中的重要因素。

| 第 6 章 |

高铁影响制造业空间集聚的机制检验

高铁影响制造业集聚的机制可能是多样且复杂的。限于篇幅我们无法对各种可能的影响机制进行逐一验证，本书主要从影响要素再配置的地价、工资等要素价格以及城市制度环境等角度切入，考察高铁影响制造业集聚的影响机制。本书在第 3 章中，对高铁的要素再配置效应和制度中介效应进行了数理模型推导和理论分析，并提出了理论假说，本章对前面的理论假说进行计量验证。

6.1 高铁影响制造业集聚的机制
检验 I：要素再配置效应

本书在第 3 章的理论机制分析中，在雷丁和特纳（2015）构建的多区域空间经济模型基础上，结合拓展的企业选址模型，建立了高铁影响地价、工资进而影响制造业企业区位的分析框架，在此基础上提出了高铁会通过影响工资和地价进而影响制造业集聚的理论假说，那么本书的理论推导是否符合经济现实呢？本节通过构建计量模型，并运用中国工业企业数据库制造业企业加总数据，匹配以城市面板数据，对第 3 章提出的理论假说 1 ~ 假说 3 进行验证。

6.1.1 变量选择与数据说明

这部分选取的被解释变量为制造业就业数计算的区位熵（$\ln LQ_{it}$）、核心解释变量为是否开通高铁（HSR_{it}），还加入了基础设施状况（$Infra_{it}$）和生产性服务业发展状况（$\ln Ser_{it}$）两个控制变量，这些变量选择和数据说明均在第 4 章中进行了较为详细的描述。本章新增的变量包括制造业平均工资和城市平均土地出让价格。其中，制造业平均工资数据来源于工业企业数据库，将各年度规模以上制造业企业员工报酬按照城市分类求均值，得到各城市制造业的平均工资水平。工业企业数据库中 2009 年和 2010 年职工工资变量缺失，我们采用插值法对 2009 年和 2010 年各地级市规模以上制造业平均工资进行补齐；土地价格数据来源于 EPS 全球统计数据及分析平台中的中国国土资源数据库，通过计算各地级市的国有建设用地出让成交价款与国有建设用地出让面积之比得到各城市土地出让的平均价格。土地出让价格和制造业工资均按照 2004 年的物价指数进行转换，将名义值转换为 2004 年为基期的实际值。本节研究的时间区间仍然为 2004~2013 年，研究的城市样本总数为2200 个，其中中心城市样本数为 270 个，外围城市样本数为 1930 个。

6.1.2　计量模型的建立

首先，通过构建高铁与地价、工资关系的计量模型，对第 3 章提出的理论假说 1 进行验证，基本计量模型的形式为：

$$\ln Wage_{it} = \alpha_0 + \alpha_1 \times HSR_{it} + \eta X + \varepsilon_{it} \qquad (6-1)$$

$$\ln landp_{it} = b_0 + b_1 \times HSR_{it} + \eta X + \varepsilon_{it} \qquad (6-2)$$

在此基础上，参考李雪松和孙博文（2017）、杨栩和廖姗（2018）的做法，进一步通过构建如下基本计量模型来验证第 3 章中提出的理论假说 2 和理论假说 3：

$$\ln LQ_{it} = c_0 + c_1 \times HSR_{it} + c_2 \times \ln Wage_{it} + c_3 \times HSR_{it} \times \ln Wage_{it} + \eta \times X + \varepsilon_{it} \qquad (6-3)$$

$$\ln LQ_{it} = \varphi_0 + \varphi_1 \times HSR_{it} + \varphi_2 \times \ln landp_{it} + \varphi_3 \times \ln landp_{it}^2 + \varphi_4 \times HSR_{it} \times \ln landp_{it} + \varphi_5 \times HSR_{it} \times \ln landp_{it}^2 + \eta \times X + \varepsilon_{it} \qquad (6-4)$$

其中，$\ln LQ_{it}$ 为城市 i 在 t 时期的区位熵对数，$\ln Wage_{it}$ 表示城市 i 在 t 时期制造业平均工资水平的对数，$\ln landp_{it}$ 表示城市 i 在 t 时期城市平均地价水平对数，$\ln landp_{it}^2$ 为平均地价水平对数的平方项，X 为控制变量向量，ε_{it} 为随机误差项。

6.1.3 基准回归结果

表6-1报告了基于全样本的回归结果，在进行回归估计之前，本书对各变量进行了中心化处理，以减少多重共线性问题。表6-1的（1）~（3）列报告了高铁影响制造业集聚的工资效应机制检验结果，各列均加入了控制变量，同时为了减少工资和地价与制造业集聚之间的逆向因果关系，在回归中对工资和地价等解释变量进行了滞后一期处理。（1）列报告了以制造业平均工资作为被解释变量，以是否开通高铁作为核心解释变量的回归结果，可以看出，高铁变量的系数为0.715，通过了1%水平的显著性检验，说明高铁开通在整体上对沿线城市的制造业工资水平有显著的促进作用；（2）列报告了以制造业区位熵作为被解释变量，同时加入了是否开通高铁与制造业平均工资变量，回归结果显示高铁变量系数为正，且通过了1%水平的显著性检验，制造业工资水平变量的系数为负，也通过了1%水平的显著性检验，说明高铁开通整体上有助于沿线城市制造业集聚，而制造业工资水平的上升则不利于制造集聚；（3）列进一步加入了是否开通高铁与制造业工资水平的交互项，回归结果显示高铁变量与制造业工资水平变量的交互项系数为-0.157，在1%水平上显著，说明工资的上涨会弱化高铁对沿线城市制造业集聚的正向影响。

表6-1 高铁影响制造业集聚的工资和地价效应检验

变量	(1) lnwage	(2) lnLQ	(3) lnLQ	(4) ln$landp$	(5) lnLQ	(6) lnLQ
HSR	0.715*** (0.037)	0.083*** (0.030)	0.153*** (0.036)	0.706*** (0.041)	0.103*** (0.031)	0.151*** (0.041)
lnwage		-0.229*** (0.033)	-0.182*** (0.035)			
ln$landp$					0.273*** (0.070)	0.059 (0.074)
ln$landp^2$					-0.023*** (0.006)	0.001 (0.007)
HSR×lnwage			-0.157*** (0.044)			

续表

变量	(1) ln*wage*	(2) ln*LQ*	(3) ln*LQ*	(4) ln*landp*	(5) ln*LQ*	(6) ln*LQ*
$HSR \times \ln landp$						1.204*** (0.405)
$HSR \times \ln landp^2$						−0.108*** (0.030)
Infra	0.301*** (0.030)	−0.014 (0.024)	−0.013 (0.024)	0.250*** (0.033)	−0.022 (0.024)	−0.030 (0.024)
ln*Ser*	−0.053 (0.087)	0.240*** (0.063)	0.250*** (0.063)	−0.105 (0.097)	0.226*** (0.064)	0.241*** (0.063)
_*cons*	−0.134*** (0.013)	0.318*** (0.036)	0.305*** (0.036)	−0.136*** (0.014)	0.146*** (0.029)	0.133*** (0.028)
城市固定效应	YES	YES	YES	YES	YES	YES
时间固定效应	NO	YES	YES	NO	YES	YES
样本数	2189	1970	1970	2185	1967	1967
R^2	0.256	0.085	0.092	0.201	0.068	0.099

注：表中（　）内为稳健标准误，*** 表示在 1% 水平上显著。

（4）~（6）列报告了高铁影响制造业集聚的地价效应的回归结果，其中，（4）列报告了以地价作为被解释变量，以是否开通高铁为核心解释变量的回归结果，可以看出高铁变量的系数为 0.706，通过了 1% 水平的显著性检验，说明高铁的开通会对沿线城市的地价水平产生显著的正向影响；（5）列同时加入了是否开通高铁变量以及地价对数的一次项和二次项，结果显示高铁变量系数为正，在 1% 水平上显著，而地价对数的一次项和二次项的系数分别为 0.273 和 −0.023，均通过了 1% 水平的显著性检验，说明地价与制造业集聚之间并非简单的线性关系而是一种非线性的倒 U 型关系。当地价水平处于比较低时，一定程度的地价上涨并不会对制造业集聚产生抑制效应，相反地，一定程度的地价上涨有助于促进制造业集聚，但随着地价水平的上升，这种集聚效应会呈现边际递减特征，集聚效应趋于弱化，而当地价继续上升越过临界点后，地价的上涨将对制造业集聚产生显著的抑制效应，不利于制造业集聚。

那么地价与制造业集聚之间的倒 U 型关系是否可靠呢？本书借鉴林德和赫尔姆（2010）的方法进行倒 U 型关系检验。检验结果中 T 值等于 2.72，所对应的 p 值为 0.003，且 Slope 的下限和上限区间上对应的值分别为正和负，说明整体上拒绝了存在单调或 U 型关系的原假设，接受倒 U 型假设，进一步说明地价与制造业集聚之间确实存在非线性的倒 U 型关系。（6）列中进一步加入了高铁变量与地价对数的交互项以及高铁变量与地价对数平方的交互项，回归结果显示高铁与地价对数交互项系数为 1.204，高铁变量与地价对数平方交互项的系数为 - 0.108，且均在 1% 水平上显著，说明在整体上，当地价水平比较低时，高铁的开通会通过促进沿线城市的地价上升而促进制造业集聚，但这种集聚效应会随着地价的上升而逐步减弱；当地价水平持续上升且越过临界点后，高铁开通会通过进一步促进地价的上涨而抑制沿线城市的制造业集聚。这说明高铁通过地价影响制造业集聚的效应，会受到沿线城市本身地价水平的影响，当沿线城市本身的地价水平比较低时，高铁能够通过促进地价上涨吸引企业集聚，而当沿线城市本身地价水平处于高位时，高铁开通会进一步助推地价上涨，进而最终抑制制造业集聚。

之所以在地价较低时，开通高铁会通过正向影响地价进而促进制造业集聚，主要原因在于我国目前实行的是农村土地归集体所有，城市建设用地归国家所有的土地公有制（余靖雯等，2019），各城市的建设用地必须得到住建部、自然资源部等部门批准用地指标，政府对城市土地的管理和限制，增强了土地的稀缺性。对于企业而言，土地不仅是"生产投入品"，也是一种"抵押品"，企业可以将土地作为抵押品抵押给银行，获得更多的银行贷款，以破解其融资约束，进行规模上的扩张。另外，作为一项"投资品"企业也可以购买土地，通过土地价格上涨获得未来的土地溢价收益。城市土地的多重属性决定了一定程度的地价上涨并不一定会对制造业产生"挤出效应"，相反，在地价水平较低时，高铁开通带来的地价上升，会进一步吸引企业投资，促使制造业集聚。只有当地价本身处于高位，对企业生产经营带来巨大成本压力时，高铁开通带来的地价进一步上升才会对制造业集聚产生显著的抑制作用。一方面，用地成本高昂意味着企业进行生产规模的扩张需要支付更高的成本，这种成本不仅体现于购地费用，还体现在地价与房价联动效应所推动的用工成本上涨；另一方面，地价本身处于较高水平时，土地未来的溢价空间较小，当土地的未来溢价收益率不能弥补购地成本时，土地作为一项"投资品"的属性会被极大削弱，高铁带来的地价进一步上升，无疑意味着土地的溢价空间被进一步压缩。因此，当地价处于较高水平时，高铁开通带来的地价上升会对制造业集聚产生显著的抑制作用。从各列回归结果来看，表 6-1 中的（1）和（4）列回归结果很好地验证了第 3 章提出的理论假说 1，而（3）和（6）列的回归结果则分别验证了理论假说 2 和理论假说 3。

6.1.4　内生性问题的处理

在前面章节，本书讨论了高铁建设与制造业集聚之间可能存在的逆向因果关系，也即制造业集聚程度较高的城市可能更有机会开通高铁，那么，这种逆向因果关系带来的高铁建设内生性问题是否会影响上文的实证结论呢？这部分本书利用前面章节构造的高铁工具变量，运用工具变量法回归，对前面的实证结果进行检验。表 6-2 报告了回归结果，6-2 中的（1）列报告了以制造业工资作为被解释变量，以是否开通高铁作为核心解释变量的回归结果，可以看出高铁变量的系数为 1.950，在 1% 水平上显著，与表 6-1 中的（1）列的回归结果在系数符号和显著性方面一致。表 6-2 中的（2）列报告了以制造业区位熵作为被解释变量，同时加入了高铁变量、制造业工资水平变量和高铁变量与制造业工资水平变量的交互项，回归结果显示高铁变量与制造业工资水平的交互项系数为负，通过了 1% 水平的显著性检验，说明高铁开通确实能够通过影响制造业工资水平，进而抑制制造业集聚，这也与表 6-1 中（3）列的回归结果一致。表 6-2 中的（3）列报告了以地价作为被解释变量，以高铁作为核心解释变量的回归结果，可以看出高铁变量的系数为正，且在 1% 水平上显著，说明高铁开通确实有助于促进沿线城市地价水平的提高。表 6-2 中的（4）列报告了以制造业区位熵作为被解释变量，同时加入了高铁变量与地价变量的回归结果，回归结果显示，高铁变量的系数为正，且在 1% 水平上显著，而地价变量的系数也为正，且通过了 5% 水平的显著性检验。在表 6-2 的（5）列中，我们进一步加入了地价变量的平方项，加入平方项后地价变量的系数符号并未发生改变，且显著性也未发生明显变化，同时地价平方项的系数为负，且通过了 10% 水平的显著性检验，

（5）列的回归结果也与前面一致。在表 6 - 2 的（6）列中，加入了高铁变量与地价变量的交互项，回归结果显示高铁变量与地价变量的交互项为负值，且在 5% 水平上显著，说明高铁能够通过影响地价而影响制造业集聚。在表 6 - 2 的（7）列中，我们进一步加入了高铁变量与地价变量平方项的交互项，回归结果显示高铁变量与地价变量交互项的系数为正，通过了 10% 水平的显著性检验，而高铁变量与地价二次项的交互项系数为负，通过了 10% 水平的显著性检验，但在（7）列中，工具变量的有效性检验并未通过，也即存在弱工具变量问题，但从表 6 - 1 和表 6 - 2 的回归结果对比来看，高铁建设可能存在的内生性问题并不会影响实证结论。考虑了内生性问题后，实证结论依然成立。

表 6 - 2　　　　　　　　　采用工具变量法估计结果

变量	(1) lnwage	(2) lnLQ	(3) lnlandp	(4) lnLQ	(5) lnLQ	(6) lnLQ	(7) lnLQ
HSR	1.950*** (0.116)	0.198** (0.101)	1.739*** (0.098)	0.373*** (0.118)	0.407*** (0.121)	0.289*** (0.109)	-0.052 (0.221)
lnwage		-0.118** (0.046)					
lnlandp				0.049** (0.021)	0.192** (0.076)	0.189*** (0.067)	-0.061 (0.112)
lnlandp²					-0.014* (0.007)	-0.013* (0.007)	0.012 (0.011)
HSR × lnwage		-0.371*** (0.108)					
HSR × lnlandp						-0.190** (0.076)	7.676* (4.348)
HSR × lnlandp²							-0.605* (0.335)
控制变量	YES	YES	YES	YES	YES	NO	YES
时间固定效应	NO	YES	NO	YES	YES	YES	YES
城市固定效应	YES	YES	YES	YES	YES	YES	YES
样本数	1921	1970	2185	1726	1726	1977	1726

续表

变量	(1) lnwage	(2) lnLQ	(3) lnlandp	(4) lnLQ	(5) lnLQ	(6) lnLQ	(7) lnLQ
Kleibergen-Paap rk LM 统计量	156. 727 [0. 000]	143. 650 [0. 000]	207. 166 [0. 000]	81. 994 [0. 000]	77. 319 [0. 000]	111. 456 [0. 000]	7. 431 [0. 024]
Cragg-Donald Wald F 统计量	343. 009	77. 667	544. 101	93. 490	88. 706	70. 459	8. 790

注：表中（ ）内为稳健标准误，［ ］内为统计量对应的 p 值，***、** 和 * 分别表示在 1%、5% 和 10% 水平上显著。

6.1.5　城市异质性分析

1. 中心城市样本的回归估计

　　前面基于全样本的回归结果，很好地验证了第 3 章提出的理论假说 1～假说 3，但对于中心城市和外围城市而言，由于地价和工资等要素价格水平存在较大差距，高铁开通影响制造业集聚的工资和地价效应可能存在一定差别。这部分按照前面章节对中心城市和外围城市的划分方法，将全部样本城市划分为中心城市和外围城市，进行分组回归。表 6-3 报告了中心城市样本的回归结果，其中，（1）列加入了高铁变量和控制变量，并控制了城市固定效应和时间固定效应，回归结果显示高铁变量的系数为负值，且在 1% 水平上显著，说明高铁开通显著抑制了中心城市的制造业集聚；在（2）列中，进一步加入制造业工资变量，制造业工资变量的系数为负且在 1% 水平上显著，高铁变量的系数依然为负；（3）列进一步加入高铁变量与工资变量的交互项，回归结果显示交互项的系数为 -0.133，在 10% 水平上显著，说明高铁开通带来的工资水平提高弱化了高铁的制造业集聚效应，抑制制造业在沿线中心城市集聚；（4）列同时加入了高铁与地价变量，回归结果显示高铁变量的系数为负值，且在 5% 水平上显著，地价变量的系数也为负值，且通过了 1% 水平的显著性检验，说明地价水平的提高会对中心城市的制造业集聚产生显著的负向影响；在（5）列中，进一步加入了地价对数的平方项，当加入地价对数平方项后，地价系数虽然为负，但并没有通过显著性检验，这说明对于中心城市而言，地价与制造业集聚之间的倒 U 型关系并不成立，可能的原因是中心城市的地价水平处于较高水平，地价的边际上涨会给制造业企业带来较大的成本压力，进而不利于制造业集聚；鉴于此，在（6）列中，我们仅加入了地价对数与高铁变量的交互项，回归结果显示，高铁与地价对数的交互项系数为 − 0.176，在 5% 水平上显著，说明高铁会通过正向影响地价而抑制制造业在沿线中心城市集聚。综合表 6 - 3 的回归结果，可以看出，高铁开通会抑制中心城市的制造业集聚，原因之一是高铁的开通促进了沿线中心城市的工资和地价上涨，并通过进一步抬高中心城市的地价和制造业工资水平，促使中心城市的"拥挤效应"更为明显，进而不利于制造业在沿线中心城市集聚。

表 6 - 3 　　　　　　　　　　中心城市组的回归检验

变量	被解释变量：制造业区位熵（$\ln LQ$）					
	(1)	(2)	(3)	(4)	(5)	(6)
HSR	− 0.243 *** (0.049)	− 0.048 (0.052)	0.019 (0.063)	− 0.138 ** (0.055)	− 0.136 ** (0.058)	0.081 (0.105)
$\ln wage$		− 0.231 *** (0.033)	− 0.198 *** (0.037)			
$\ln landp$				− 0.128 *** (0.033)	− 0.100 (0.299)	− 0.088 ** (0.037)
$\ln landp2$					− 0.002 (0.023)	
$HSR \times \ln landp$			− 0.133 * (0.070)			
$HSR \times \ln landp^2$						− 0.176 ** (0.072)
控制变量	YES	YES	YES	YES	YES	YES
$\_cons$	2.018 *** (0.096)	1.963 *** (0.089)	1.996 *** (0.091)	2.114 *** (0.094)	2.089 *** (0.095)	2.116 *** (0.094)
时间固定效应	YES	YES	YES	YES	YES	YES
城市固定效应	YES	YES	YES	YES	YES	YES
样本数	268	241	241	241	241	241
R^2	0.122	0.3141	0.326	0.212	0.212	0.234

注：表中（ ）内为稳健标准误，*** 、** 和 * 分别表示在 1% 、5% 和 10% 水平上显著。

2. 外围城市样本的回归估计

表 6 - 4 报告了外围城市样本的回归结果，其中，（1）列中加入了高铁变量和控制变量，并控制了时间固定效应和城市固定效应，回归结果显示高铁变量的系数为 0.146，在 1% 水平上显著，说明高铁开通会促进沿线外围城市的制造业集聚；在（2）列中，进一步加入了制造业工资变量，回归结果中工资变量的系数为 - 0.194，在 1% 水平上显著；（3）列进一步加入高铁变量与制造业工资变量的交互项，交互项的系数为 - 0.042，但并没有通过显著性检验，说明制造业工资上升并不会弱化高铁的集聚效应，高铁影响制造业工资进而间接影响外围城市制造业集聚的效应并不显著；在（4）列中，通过同时加入高铁变量和地价变量估计高铁和地价对制造业集聚的影响，回归结果中高铁变量的系数为 0.148，在 1% 水平上显著，而地价变量的系数为 0.045，在 1% 水平上显著，说明地价的上升有助于外围城市的制造业集聚；在（5）列中，加入了高铁变量、地价变量以及地价变量的平方项，回归结果显示加入地价平方项后，高铁变量的系数为正，且在 1% 水平上显著，地价变量系数也依然为正，且在 5% 水平上显著，而地价变量的平方项系数为负，在 10% 水平上显著，说明地价与外围城市制造业集聚之间呈倒 U 型关系，延续全样本回归中的做法；在（6）列中进一步加入了高铁变量与地价变量的交互项、高铁变量与地价变量平方项的交互项，回归结果显示高铁与地价交互项的系数为 1.030，通过了 10% 水平的显著性检验，同时高铁与地价平方项的交互项系数为 - 0.091，在 5% 水平上显著。外围城市组的回归结果与全样本回归结果一致，也即当地价水平比较低时，开通高铁会通过正向影响地价而促进制造业在外围城市集聚，而随着地价的上涨，高铁的集聚效应会逐渐减弱，当地价过度上涨，地价水平超过临界点时，高铁推动的地价继续上涨将对外围城市制造业集聚产生显著的负向抑制效应。

表 6 - 4　　　　　　　　　　外围城市组回归检验

变量	被解释变量：制造业区位熵（$\ln LQ$）					
	（1）	（2）	（3）	（4）	（5）	（6）
HSR	0.146 ***	0.140 ***	0.157 ***	0.148 ***	0.148 ***	0.149 ***
	（0.036）	（0.033）	（0.039）	（0.034）	（0.033）	（0.044）

续表

变量	被解释变量：制造业区位熵（lnLQ）					
	（1）	（2）	（3）	（4）	（5）	（6）
lnwage		−0.194 *** （0.035）	−0.182 *** （0.038）			
lnlandp				0.045 ** （0.021）	0.173 ** （0.075）	0.059 （0.079）
lnlandp²					−0.013 * （0.007）	0.000 （0.008）
HSR × lnwage			−0.042 （0.051）			
HSR × lnlandp						1.030 * （0.548）
HSR × lnlandp²						−0.091 ** （0.042）
控制变量	YES	YES	YES	YES	NO	YES
_cons	−0.115 *** （0.031）	0.015 （0.037）	0.012 （0.037）	−0.109 *** （0.030）	−0.116 *** （0.030）	−0.111 *** （0.030）
城市固定效应	YES	YES	YES	YES	YES	YES
时间固定效应	YES	YES	YES	YES	YES	YES
样本数	1921	1729	1729	1726	1734	1726
R^2	0.136	0.110	0.111	0.095	0.088	0.106

注：表中（ ）内为稳健标准误，*** 、** 和 * 分别表示在1%、5%和10%水平上显著。

6.1.6 稳健性检验

1. 剔除 2009 年和 2010 年数据

由于工业企业数据库中2009年和2010年制造业工资数据缺失，采用插值法进行补齐，但插值法生成的数据存在一定的偏差，进而可能影响回归结果。另外，工业企业数据库中2010年数据质量问题目前也存在一定的争议，如陈林（2018）就认为2010年工业企业数据真实性存疑较大。鉴于这两方面的考虑，这部分通过剔除2009年和2010年数据，对前面的实证结论进行稳健性检验。

表6-5报告了剔除2009年和2010年数据后的稳健性检验结果，从整体来看，剔除了2009年和2010年数据后，变量系数的显著性明显提高，且 R^2 也有明显上升。具体来看，（1）列中报告了以制造业平均工资作为被解释变量，以高铁变量作为核心解释变量的回归结果，（1）列的回归结果显示，高铁变量的系数为正，且通过了1%水平的显著性检验，与前面结果一致；（2）列报告了以制造业区位熵对数作为被解释变量，同时加入高铁变量与制造业工资水平的回归结果，可以看出高铁变量的系数为正，而制造业工资水平变量的系数为负，分别通过了5%和1%水平的显著性检验，回归结果显示整体上制造业工资水平的提高会抑制制造业聚集；（3）列在（2）列的基础上，加入了高铁变量与制造业工资水平变量的交互项，可以看出高铁变量与制造业工资水平变量的交互项系数在1%水平上显著为负，这与前面的回归结果一致；在（4）列中报告了地价对数作为被解释变量，高铁变量为核心解释变量的回归结果，可以看出高铁变量的系数在1%水平上显著为正，也与前面的回归结果一致；（5）列报告了以制造业区位熵作为被解释变量，同时加入了高铁变量以及地价变量和地价变量的平方项，回归结果显示地价变量的系数为正，且地价平方项的系数为负，均在1%水平上显著；基于此，在（6）列加入了高铁变量与地价变量的交互项以及高铁变量与地价变量平方项的交互项，回归结果显示高铁变量与地价变量的交互项系数在1%水平上显著为正，同时高铁变量与地价变量平方的交互项系数在1%水平上显著为负，这也与前面的实证结论一致，但各变量的系数显著性水平有明显提高。这说明本书的实证结论是可靠的。

表6-5　　　　　　剔除2009年和2010年数据的回归结果

变量	(1) lnwage	(2) lnLQ	(3) lnLQ	(4) lnlandp	(5) lnLQ	(6) lnLQ
HSR	0.839 *** (0.041)	0.055 ** (0.027)	0.124 *** (0.033)	0.803 *** (0.047)	0.074 *** (0.028)	0.126 *** (0.040)
lnwage		-0.248 *** (0.029)	-0.202 *** (0.031)			
lnlandp					0.306 *** (0.071)	-0.022 (0.076)

续表

变量	(1) lnwage	(2) lnLQ	(3) lnLQ	(4) lnlandp	(5) lnLQ	(6) lnLQ
$\ln landp^2$					-0.029*** (0.006)	0.006 (0.007)
$HSR \times \ln wage$			-0.138*** (0.039)			
$HSR \times \ln landp$						1.532*** (0.391)
$HSR \times \ln landp^2$						-0.135*** (0.029)
$Infra$	0.264*** (0.031)	-0.043** (0.020)	-0.042** (0.020)	0.226*** (0.036)	-0.053*** (0.020)	-0.061*** (0.020)
$\ln Ser$	-0.177* (0.096)	0.219*** (0.055)	0.230*** (0.055)	-0.162 (0.112)	0.194*** (0.057)	0.218*** (0.055)
_cons	-0.244*** (0.014)	0.326*** (0.030)	0.307*** (0.030)	-0.198*** (0.016)	0.158*** (0.024)	0.136*** (0.023)
时间固定效应	NO	YES	YES	NO	YES	YES
城市固定效应	YES	YES	YES	YES	YES	YES
样本数	1752	1533	1533	1748	1530	1530
R^2	0.320	0.107	0.115	0.234	0.071	0.138

注：表中（ ）内为稳健标准误，***、** 和 * 分别表示在1%、5%和10%水平上显著。

2. 分段回归

在前面有关地价效应的实证分析中，实证结果发现高铁的制造业集聚效应会受到城市地价的影响，当城市地价水平比较低时，高铁开通能够通过提高地价水平促进制造业集聚，而随着地价水平的提高，高铁通过提高地价促进制造业集聚的效应会逐渐弱化，当地价越过临界值后，高铁推动的地价上涨会对制造业集聚产生显著的抑制作用。这部分基于地价数值分布特征，通过分段回归对前面的实证结论进行稳健性检验。具体地，我们通过制造业集聚变量对地价对数一次项和平方项进行回归，求出倒 U 型曲线拐点横坐标为 5.886，以 5.886 为临界点，将样本按照地价高低分为两个区间，分别为 [3.920，5.886）和（5.886，8.209]，其中 3.920 和 8.209 分别为剔除了异常值后样本中地价对数的最小值和最大值，我们分别对临界点左侧和右侧不同区间进行分段回归，来检验地价机制实证结论的稳健性，回归结果如表6-6所示，可以看出左侧各区间高铁变量与地价对数的交互项系数均为正，且在1%水平上显著，而右侧区间高铁变量与地价对数的交互项均为负，且在1%水平上显著，说明在倒U型曲线的左侧区间高铁与地价的交互效应能够促进制造业集聚，而在倒U型曲线右侧区间高铁与地价的交互效应会对制造业集聚产生抑制效应，进一步说明了本书实证结果的稳健性。

表6-6　　　　　　　　　　　　分段回归结果

变量	拐点左侧区间	系数	拐点右侧区间	系数
$HSR \times \ln landp$	[3.920, 5.886)	1.239*** (0.336)	(5.886, 8.209]	-0.240*** (0.050)
$HSR \times \ln landp$	[3.920, 5.836)	1.150*** (0.369)	(5.936, 8.209]	-0.230*** (0.034)
$HSR \times \ln landp$	[3.920, 5.786)	1.144*** (0.381)	(5.986, 8.209]	-0.222*** (0.034)
控制变量		YES		YES

注：表中（ ）内为标准误，*** 表示在1%水平上显著。

6.2　高铁影响制造业集聚的机制检验Ⅱ：制度中介效应

上一节中，基于全样本数据验证了第3章理论机制分析部分提出的假说1~假说3，并基于城市异质性视角，考察了高铁带来的制造业工资和地价上涨对中心城市和外围城市制造业集聚的异质性影响。实证检验的结果发现，对于考察期的中心城市而言，地价与制造业集聚之间并不存在倒U型关系，而是一种负向的线性关系，也即中心城市的地价上涨会显著抑制制造业集聚，通过加入高铁与地价的交互项后，则进一步发现高铁的开通能够通过正向影响沿线中心城市的地价水平，而显著抑制制造业在中心城市集聚。而对于考察期的外围城市而言，高铁通过影响外围沿线城市的制造业工资水平进而影响外围城市制造业集聚的间接效应并不显著，也即高铁的开通并通过提高沿线外围城市的制造业工资水平而抑制高铁沿线外围城市的制造业集聚的影响并不明显，且对于考察期的外围城市而言，地价与制造业集聚之间存在倒U型关系，高铁能够通过正向影响高铁沿线的外围城市地价水平，进而影响沿线外围城市的制造业集聚水平。即沿线外围城市地价水平比较低时，高铁的开通能够通过正向影响地价而吸引制造业在沿线外围城市集聚，只有当地价处于高位并越过临界点后，开通高铁助推的地价进一步上涨才会对沿线外围城市的制造业集聚产生显著的抑制作用。上一节从制造业集聚角度，验证了高铁通过影响制造业工资和地价进而影响制造业空间重构的机制，证实了开通高铁影响制造业空间重构的要素价格机制，那么，高铁是否也会通过影响城市制度环境，进而促使制造业在沿线外围城市集聚呢？在第3章中，本书从理论上分析了高铁通过影响城市制度环境进而促使制造业在沿线外围城市集聚的机制。实际上，高铁带来的跨城市间的信息溢出以及区位优势相对变化触发的地方政府竞争，对高铁沿线外围城市制度环境的改善有积极意义，而这可能是高铁影响沿线外围城市制造业集聚的另一重要机制。诺斯认为，制度之所以重要在于其界定并限制了人们的选择集合，通过规则来减少经济活动中的不确定性，并通过影响市场交换和生产成本来影响经济绩效。对于转型期的中国而言，宏观制度环境对企业生存和发展而言无疑是非常重要的，然而，有关交通基础设施影响产业空间分布的相关研究中，已有的相关文献多数仅停留于从要素市场或产品市场角度来探讨高铁影响产业空间分布的机制，通常忽略了交通条件改善可能带来的"制度环境效应"。那么，高铁是否改善了沿线外围城市的制度环境？又是否真能通过制度中介效应促进制造业在外围城市集聚？本节运用中介效应检验方法，对第3章提出的理论假说4和理论假说5进行验证。

6.2.1　变量的选择与数据说明

本节选择城市制造业就业密度作为城市制造业集聚的衡量指标，用 Emp_dens_{it} 表示。选择的核心解释变量为是否开通高铁，也用 HSR_{it} 表示。中介变量为制度质量和制度距离两个变量，我们采用制度质量和制度距离指标来衡量城市的制度环境的好坏，本小节的主要研究目的是验证高铁影响沿线外围城市制造业集聚的制度中介效应。而要考察制度中介效应，首先必须找到测度城市制度环境好坏的合适指标，因此，制度环境指标的设计和测度是本小节的重要内容，但是如何度量制度的好坏，是经济研究中的难点，到目前为止学术界对于制度的度量仍未达成一致意见。学者们一般是基于自身的研究需要及关注侧重点，通过对制度进行界定，在此基础上构建反映制度特征的某些指标，作为制度的替代变量进行实证研究。如周（2014）采用 NE-RI 指数，即从政府与市场关系、非国有经济发展、要素市场发育程度、产品市场的发育程度以及市场中介机构发育程度和市场的法律环境等方面的指标体系来度量中国 31 个省份的制度质量；车等（2017）在研究地区制度质量与企业生存关系时，采用了产权保护作为地区制度质量的替代变量；迪维塔（2018）在研究制度质量与意大利区域经济增长率关系时，从监管复杂性和民事纠纷的持续时间等两个维度来度量地区制度质量；邓路等（2014）、邓宏图和宋高燕（2016）采用樊纲的市场化指数作为地区制度质量的替代变量，研究了制度环境对经济增长的影响。可以看出，已有文献对于制度环境的测量并没有形成统一的标准，而是根据数据可获得性和研究侧重点来构造相应的测度指标。本书借鉴王小鲁等（2016）构造市场化制度的方法，在选取资源配置的市场化、非国有经济发展、产权保护程度和经济开放度等分项指标基础上，构造了反映外围城市与制度前沿城市制度质量差距的指标，即用制度距离来度量外围城市制度环境的好坏。具体地，用政府支出占 GDP 比重近似反映资源配置的市场化程度（x_1），该指标越小，说明资源配置的市场化程度越高；用城镇私营和个体从业人员数占城镇就业总人数比重近似反映非国有经济发展状况（x_2），该指标越大，说明非国有经济发展越好，市场化程度越高；用人均专利申请授权数来反映地区产权保护程度（x_3），该指标越大，说明产权受到保护的程度越高；用工业总产值中外资和港澳台企业产值比重（x_4）以及外商直接投资占 GDP 比重（x_5）衡量经济的开放程度，该指标越大，说明地区开放程度越高。在以上分项指标中，x_1 为逆向指标，$x_2 - x_5$ 为正向指标。在各分项指标基础上，借鉴布鲁斯和辛格（1988）测算跨国制度距离的方法，设计了能反映外围城市与制度前沿城市制度质量差距的制度距离变量，对外围城市与制度前沿城市的制度距离进行测度，具体公式如下：

$$INS\_DIS_{i,m,t} = \frac{1}{5} \sum_{k=1}^{5} \left[\frac{(I_{i,k,t} - I_{m,k,t})^2}{v_k} \right] \qquad (6-5)$$

其中 $INS\_DIS_{i,m,t}$ 为 i 城市与制度前沿城市 m 在 t 时期的制度距离，$I_{i,k,t}$ 为 t 时期 i 城市的第 k 项指标的值，v_k 为第 k 项指标的方差，$I_{m,k,t}$ 为制度前沿城市

m，在 t 时期的 k 项指标值。我们将制度前沿城市定义为分项正向指标最大值或逆向指标最小值的城市。i 城市在 t 时期与制度前沿城市的制度距离越小，说明其整体制度环境越好；与制度前沿城市制度距离越大，说明其整体制度环境相对较差，可以看出，这是一个相对指标，以制度前沿城市作为参照系，反映的是外围城市与制度前沿城市制度质量的相对差距。

本书还利用主成分分析法，基于上述 5 个分项指标构造了反映城市制度环境的另一个指标，也即制度质量来反映城市的制度环境好坏（INS_{it}）。鉴于正向指标与制度质量正相关，逆向指标与制度质量负相关，本书借鉴王小鲁等（2016）的做法分别采用式（6-6）和式（6-7）对基期各分项指标进行线性标准化：

$$\begin{cases} Z_k^1 = \dfrac{W_k - W_{\min}}{W_{\max} - W_{\min}}，当 k 为正向指标 \\[3mm] Z_k^2 = \dfrac{W_{\max} - W_k}{W_{\max} - W_{\min}}，当 k 为逆向指标 \end{cases} \quad (6-6)$$

其中，W_k 为某个城市第 i 个指标的原始数据，$W_{\max}$ 是与所有考察的城市第 k 项指标相对应的原始数据最大值，$W_{\min}$ 为第 k 项指标相对应原始数据最小值。为了使各年份指数具有可比性，采用以下公式（6-7）计算 t 年的第 k 项指数：

$$\begin{cases} Z_{t,k}^1 = \dfrac{W_k - W_{\max(1)}}{W_{\max(1)} - W_{\min(1)}} \times 10，当 k 为正向指标 \\[3mm] Z_{t,k}^2 = \dfrac{W_{\max(1)} - W_k}{W_{\max(1)} - W_{\min(1)}} \times 10，当 k 为逆向指标 \end{cases} \quad (6-7)$$

其中，$W_{\max(1)}$ 表示 k 项指标在基期的最大值，$W_{\min(1)}$ 为 k 项指标在基期的最小值。在进行线性标准化后，通过主成分分析法确定各分项指标的权重，本书所选定的权重为上述各指数评分值序列的第一主成分特征值。权重我们分别用 w_i 表示，那么衡量制度质量的综合指数由式（6-8）表示：

$$INS = w_1 \times Z_1 + w_2 \times Z_2 + w_3 \times Z_3 + w_4 \times Z_4 + w_5 \times Z_5 \quad (6-8)$$

与制度距离不同的是，制度质量指数衡量的是地区制度质量的绝对值，也即并不以制度前沿城市为参照对象，而是根据反映制度质量的各分项指标合成综合反映城市制度环境好坏的综合测度指标。

另外，借鉴已有的研究文献，本小节还在中介效应模型中加入了人力资本状况（Edu_{it}）、生产性服务业发展水平（$\ln Ser_{it}$）以及经济服务化水平（$Indus_{it}$）等控制变量。其中，人力资本状况（Edu_{it}），采用万人中大学生人数作为城市人力资本状况的替代变量，人力资本越高的地区，人口的整体文化水平越高，越有助于完善地区的制度规则，同时人力资本越高的地区，劳动力整体素质也越高，越有利于吸引制造业集聚；生产性服务业发展水平（$\ln Ser_{it}$），采用生产性服务业就业人数对数来反映城市的生产性服务业发展水平，生产性服务业发展水平的提高能够为制造业发展提供相关的生产性服务，预期生产性服务业发展对制造业集聚有正向促进作用；经济的服务化水平（$Indus_{it}$），用第三产业就业占总就业比重来反映城市的经济服务化水平，经济服务化水平与制造业集聚之间关系可能存在替代关系，也可能存在互补关系。各变量的说明及描述性统计如表 6 - 7 所示。

表 6 - 7　　　　　各主要变量的统计性描述及相关系数矩阵

	Emp_dens	HSR	INS	INS_DIS	Edu	lnSer	Indus
样本数	1670	1680	1660	1660	1663	1679	1680
均值	46.245	0.223	4.809	18.308	102.988	1.117	0.504
标准差	82.636	0.4169	3.8745	4.017	86.4299	0.5639	0.122
最小值	1.186	0	-21.610	0.410	9.000	-0.562	0.153
最大值	579.455	1	42.695	29.258	482.574	3.248	0.796
相关系数	Emp_dens	HSR	INS	INS_DIS	Edu	logSer	Indus
Emp_dens	1.000						
HSR	0.218 ***	1.000					
INS	0.793 ***	0.143 ***	1.000				
INS_DIS	-0.679 ***	-0.255 ***	-0.762 ***	1.000			
Edu	-0.362 ***	0.126 ***	0.390 ***	-0.434 ***	1.000		
lnSer	0.259 ***	0.186 ***	0.266 ***	-0.234 ***	0.256 ***	1.000	
Indus	0.377 ***	-0.121 ***	-0.321 ***	0.279 ***	-0.356 ***	-0.060 **	1.000

本小节以 168 个外围城市 2004～2013 年的 1680 个样本为研究的数据基础，数据主要来源于以下几个数据库：一是国家统计局公布的 2004～2013 年中国工业企业数据库，该数据库说明及相关数据处理已在前面章节中做了较为详细的介绍；二是铁道出版社、北京极品时刻科技有限公司出版的《极品列车时刻表》，通过输入地级市站点名称，即可以获得铁路站点的所有车次、始发站、终点站、车辆类型、发站、发时、到站、里程、历时，软硬座价格等详细信息，参考已有研究的通常做法，本书将高铁定义为以 G（高铁列车）、D（动车组列车）和以 C（城际列车）等开头的铁路列车，如果一个城市拥有高铁停靠点，则视为开通了高铁；三是 EPS 全球统计数据及分析平台中的中国城市数据库，制度质量测算中，除专利申请授权数数据外，其他分项指标数据均来源于该数据库，另外，测度制度质量的分项指标专利申请授权的数据来源于专利云数据库，通过网络爬虫技术抓取了 2004～2013 年的各城市的专利数据，作为测度制度质量的分项指标之一。

6.2.2 中介效应模型的建立

本小节通过构建如下基本中介效应模型，来检验高铁通车的制度中介效应对沿线外围城市制造业集聚的影响，以验证第 3 章提出的理论假说 4 和理论假说 5：

$$Emp\_dens_{it} = \alpha_0 + \alpha_1 \times HSR_{it} + \alpha_2 \times Edu_{it} + \\ \alpha_3 \times \ln Ser_{it} + \alpha_4 \times Indus_{it} + \varepsilon_{it} \quad (6-9)$$

$$INS\_DIS_{it}(INS_{it}) = b_0 + b_1 \times HSR_{it} + b_2 \times Edu_{it} + \\ b_3 \times \ln Ser_{it} + b_4 \times Indus_{it} + \varepsilon_{it} \quad (6-10)$$

$$Emp\_dens_{it} = c_0 + c_1 \times HSR_{it} + c_2 \times INS\_DIS_{it}(INS_{it}) + \\ c_3 \times Edu_{it} + c_4 \times \ln Ser_{it} + c_5 \times Indus_{it} + \varepsilon_{it} \quad (6-11)$$

其中，Emp_dens_{it} 为城市制造业就业密度，是被解释变量；HSR_{it} 为高铁变量，当 i 城市在 t 时期开通高铁则设为 1，未开通高铁则设为 0，是核心解释变量；INS_{it} 为主成分分析法计算的城市制度质量变量；IND_DIS_{it} 为制度距离变量，是中介变量；Edu_{it} 为人力资本变量；$\ln Ser_{it}$ 为生产性服务发展水平变量；$Indus_{it}$ 为经济服务化水平变量，以上这些变量为控制变量，ε_{it} 为随机误差项。

依据温忠麟和叶宝娟（2014）的研究，要判断制度质量（制度距离）是否为高铁影响制造业集聚的中介变量，至少必须通过以下步骤进行检验：①检验模型（6 - 9）中的 α_1 的系数显著性，如果显著则可按照中介效应立论；②接着依次检验模型（6 - 10）的 b_1 和模型（6 - 11）的 c_2，如果两者都显著则间接效应显著；③进一步检验模型（6 - 11）的 c_1，如果不显著则直接效应不显著，说明只有中介效应，如果显著则直接效应显著；④进一步比较 $b_1 c_2$ 和 α_1 系数符号，如果同号则可以认定存在部分中介效应。而索贝尔（1982）提出的中介效应检验方法则是通过计算中介变量路径上的系数乘积项，也即检验 H_0：$b_1 c_2 = 0$，其中 b_1 为模型（6 - 10）中高铁变量的系数，c_2 为模型（6 - 11）中制度变量的系数，Sobel 法的检验统计量为 $Z = \hat{b}_1 \hat{c}_2 / S_{b_1 c_2}$，其中 $\hat{b}_1$ 和 $\hat{c}_2$ 分别为模型（6 - 10）和模型（6 - 11）中高铁变量系数和制度变量系数的估计值。而 $S_{b_1 c_2} = \sqrt{b_1^2 S_{c_2}^2 + c_2^2 S_{b_1}^2}$，如果检验统计量 Z 显著则可以拒绝原假设，认为中介效应显著，在中介效应显著的情况下，通过计算 $b_1 c_2 / \alpha_1$ 则可以得到中介效应占总效应的比例。本小节主要采用温忠麟和叶宝娟（2014）提出的新的中介效应检验法，并结合 Sobel 法进行制度中介效应的显著性检验。

6.2.3　基准回归结果

在利用全样本数据进行回归之前，本书依据以往中介效应检验相关文献的通常做法，通过对各变量进行了标准化处理，以消除量纲的影响。表 6 - 8 报告了中介效应模型的基准回归结果。其中，（1）列报告了模型（6 - 9）的回归结果，回归结果中高铁变量的系数为 0.135，在 1% 水平上显著，说明高铁的通车有助于促进沿线外围城市制造业集聚；（2）列报告了模型（6 - 10）的回归结果，在这列中以制度距离作为反映城市制度环境的衡量指标，并作为被解释变量，核心解释变量为高铁，回归结果显示高铁变量系数为 - 0.057 在 5% 水平上显著，说明高铁的开通有助于缩短外围沿线城市与制度前沿城市的制度距离；（3）列报告了模型（6 - 11）的回归结果，在以制造业就业密度作为被解释变量，同时纳入高铁变量与制度距离变量的回归中，高铁变量的系数为正，制度距离的系数为负，但二者均在 1% 水平上显著，且相比于（1）列和（3）列回归结果中高铁变量的系数有明显变小，说明制度中介效应显著。进一步用 Sobel 法对中介变量的显著性进行检验，Sobel-Goodman 中介效应检验中，Sobel 对应的 Z 统计量值为 2.027，所对应的 p 值为 0.042，说明制度距离中介效应显著。制度距离中介效应占总效应比例为 0.071。

基于稳健性考虑，进一步采用反映城市制度环境好坏的第二个指标，也即基于主成分分析法测算的制度质量综合指数作为城市制度环境的另一替代变量，在此基础上对模型（6-10）和模型（6-11）进行重新估计。表 6-8 中的（4）列和（5）列报告了回归结果，其中，（4）列报告了制度质量对高铁变量的回归结果，高铁变量的系数为 0.175，在 1% 水平上显著；（5）列报告了以制造业就业密度作为被解释变量，加入高铁变量与制度质量变量的回归结果，高铁变量的系数为 0.101，略小于（1）列中的高铁变量系数 0.135，但仍然在 1% 水平上显著，制度质量变量的系数为 0.143，也在 1% 水平上显著，Sobel-Goodman 中介效应检验中 Sobel 对应的 Z 统计量值为 4.017，对应的 P 值为 0.000，进一步说明制度质量中介效应显著。综合各列的回归估计结果，可以初步判断高铁的"制度中介效应"显著，也即高铁能够通过改善沿线外围城市的制度质量，缩小其与制度前沿城市的制度质量差距，进而吸引制造业在沿线外围城市集聚。第 3 章提出的理论假说 4 和理论假说 5 得到验证。控制变量方面，人力资本变量除（5）列外，其余各列的回归结果均在 1% 水平上显著，（2）列中人力资本变量为 -0.067，（4）列中人力资本变量的系数为 0.304，说明人力资本的提高有助于缩小地级城市与制度前沿城市的制度距离，改善地区的制度质量，这与经济理论相符，人力资本代表的地区人口文化素质的提高有利于推进地区的制度改革，因此，随着人力资本水平的提高城市制度质量得到改善。（1）列和（3）列中人力资本变量的系数显著为正，说明人力资本的提高有助于吸引制造业集聚；生产性服务业发展水平变量系数在各列回归结果中均在 1% 水平上显著为正，说明生产性服务业发展水平的提高有利于制造业集聚，在制造业与服务业不断融合的趋势下，服务投入在制造业投入中的地位日益重要；除（4）列外，产业结构系数在各列回归中均显著为负，这说明经济的服务化程度提高会对制造业发展产生较为显著的挤出效应，不利于制造业发展，但经济服务化发展却有利于缩小与制度前沿市的制度距离。控制变量的系数符合和显著性均较为符合理论预期。

表 6 - 8			基准回归结果		
变量	(1) Emp_dens	(2) INS_DIS	(3) Emp_dens	(4) INS	(5) Emp_dens
HSR	0. 135 *** (0. 024)	- 0. 057 ** (0. 028)	0. 118 *** (0. 024)	0. 175 *** (0. 039)	0. 101 *** (0. 024)
INS					0. 143 *** (0. 016)
INS_DIS			- 0. 151 *** (0. 022)		
Edu	0. 069 *** (0. 025)	- 0. 067 ** (0. 029)	0. 065 *** (0. 025)	0. 304 *** (0. 041)	0. 031 (0. 025)
lnSer	0. 092 *** (0. 024)	0. 184 *** (0. 027)	0. 116 *** (0. 023)	0. 196 *** (0. 038)	0. 060 *** (0. 023)
Indus	- 0. 130 *** (0. 021)	- 0. 133 *** (0. 025)	- 0. 147 *** (0. 021)	- 0. 004 (0. 034)	- 0. 126 *** (0. 020)
_cons	0. 129 *** (0. 029)	- 0. 629 *** (0. 033)	0. 024 (0. 031)	- 0. 188 *** (0. 046)	0. 145 *** (0. 028)
城市固定效应	YES	YES	YES	YES	YES
时间固定效应	YES	YES	YES	YES	YES
样本数	1652	1642	1632	1642	1632
R^2	0. 252	0. 720	0. 270	0. 086	0. 287

注：表中（　）内为稳健标准误，*** 、** 分别表示在 1%、5% 水平上显著。

6.2.4　内生性问题的处理

高铁建设可能是非随机的，一些铁路客运需求旺盛的人口密集地区，更有可能开通高铁。那么，高铁建设的内生性问题是否会对前面的实证结论造成影响呢？这部分采用工具变量法估计来克服解释变量内生性可能导致的估计偏误问题。采用工具变量法的关键是找到合适的工具变量，而一个好的工具变量必须符合两个条件：一是工具变量应该与内生解释变量具有显著的相关性；二是工具变量应该与扰动项不相关，也即工具变量影响被解释变量的唯一路径是通过与其相关的内生解释变量，排除了所有其他的可能影响渠道。在高铁工具变量选择上，已有的研究文献进行了多种尝试，如周玉龙等

（2018）以一个城市在 1961 年和 1986 年是否开通铁路的两个虚拟变量作为高铁的工具变量；张梦婷（2018）采用"最小生成树"的方法构造了高铁工具变量；张克中和陶东杰（2016）则采用了与高铁出现前几年中开通了高铁的中心城市间连线垂直距离小于 50 公里的城市作为高铁是否开通的工具变量。从已有的研究来看，较多的文献从历史的或地理的角度来寻找高铁工具变量。这部分以高铁在中国出现之前的 2006 年全国 258 个城市铁路站点日出行班次数据为基础，构造了高铁的工具变量。各城市铁路站点日出行班次，在一定程度上反映了当地的铁路客运需求，铁路客运需求是决定一个城市在考察期是否开通高铁的重要因素，而 2006 年的铁路日出行状况与开通高铁后城市制造业集聚演变之间并不存在逆向因果关系，且其影响制造业转移的唯一渠道是通过影响 2008 年后该城市是否开通高铁这一事件，因此，可以同时满足相关性和外生性要求。构造该工具变量的具体步骤为：通过《极品列车时刻表》，收集了 2006 年全国拥有铁路站点的城市铁路日出行班次信息，将这些设有铁路站点的城市按照铁路列车日出行班次的多寡进行排序，我们以中位数为标准，将位于中位数以上的城市设为 1，中位数以下的城市设为 0，构造好该二值虚拟变量后，按照城市代码与本书的面板数据进行匹配，形成面板数据后，将该二值变量与时间虚拟变量（2008 年以前设为 0，2008 年后设为 1）相乘得到高铁工具变量。运用两阶段最小二乘法（2SLS）对模型（6-9）~模型（6-11）的中介效应模型进行重新估计。

回归结果如表 6-9 的（1）~（5）列所示。（1）列中报告了基于模型（6-9）的回归结果，可以看出高铁变量的系数为正，且通过了 1% 水平的显著性检验，说明开通高铁有助于促进沿线外围城市的制造业集聚；（2）列报告了模型（6-10）的回归结果，这一列以制度距离作为反映城市制度环境的替代变量，回归结果显示高铁变量的系数为负，且在 1% 水平上显著，说明高铁的开通有助于缩小外围城市与制度前沿城市的制度距离，改善了城市制度环境；（3）列报告了模型（6-11）的回归结果，在（3）列中高铁变量的系数为正，而制度距离变量的系数为负，且均在 1% 水平上显著，说明制度中介效应显著；（4）和（5）列采用主成分分析法计算的制度质量综合指标替代制度距离，作为衡量城市制度质量的替代变量，对模型（6-10）和模型（6-11）进行回归估计，（4）列的回归结果中高铁变量系数在 1% 水平上显著为正，（5）列中高铁变量系数也为正，且系数大小相比于（1）列有明显下降，制度质量变量的系数为正，也在 1% 水平上显著。

表 6 – 9　　　　　　　　基于 IV_2SLS 的估计结果

变量	(1) Emp_dens	(2) IND_DIS	(3) Emp_dens	(4) INS	(5) Emp_dens	(6) Emp_dens	(7) Emp_dens
HSR	0.361*** (0.092)	– 0.616*** (0.135)	0.246*** (0.087)	0.539*** (0.165)	0.266*** (0.093)	0.104*** (0.030)	0.074** (0.030)
INS_DIS			– 0.144*** (0.032)			– 0.325*** (0.068)	
INS					0.130*** (0.042)		0.288*** (0.052)
Edu	0.057* (0.033)	– 0.037 (0.040)	0.058* (0.032)	0.284*** (0.073)	0.027 (0.031)	0.018 (0.032)	– 0.034 (0.039)
lnSer	0.106*** (0.034)	0.148*** (0.035)	0.123*** (0.034)	0.219*** (0.063)	0.073** (0.029)	0.138*** (0.038)	0.025 (0.032)
Indus	– 0.127*** (0.030)	– 0.142*** (0.037)	– 0.144*** (0.028)	0.002 (0.057)	– 0.124*** (0.033)	– 0.163*** (0.031)	– 0.115*** (0.040)
样本数	1651	1641	1631	1641	1631	1468	1468
R^2	0.207	0.644	0.255	0.032	0.263	0.220	0.213
Cragg-Donald Wald F 统计量	96.536	87.848	81.714	87.848	79.900	588.062	874.033
Kleibergen-Paap rk LM 统计量	91.697 [0.000]	83.761 [0.000]	78.148 [0.000]	83.761 [0.000]	76.733 [0.000]	166.830 [0.000]	39.220 [0.000]
Kleibergen-Paap rk Wald F 统计量	97.890	88.936	82.660	88.936	80.860	316.030	129.172

注：表中（）内为稳健标准误，[ ] 内为 P 值；***、** 和 * 分别表示在 1%、5% 和 10% 水平上显著，控制了时间和城市固定效应。

从表 6 – 9 的回归结果中，不难发现运用工具变量法的回归结果与基准回归结果一致。但到目前为止，仅讨论了高铁建设可能存在的内生性问题。实际上，制度的内生性也是已有的实证研究文献中经常关注的问题。在本小节研究中，城市制度环境与制造业集聚之间也可能存在逆向因果关系，一方面城市制度环境较好可能吸引了制造业向该城市转移；另一方面制造业在一个城市集中也可能构成城市制度环境改善的动因，如先进制造业的转入带来新的发展理念，新的发展理念可能促使当地政府更为重视本地区的制度建设，进而起到改善本地区制度质量的效果。我们直接以制度变量的滞后一期作为制度的工具变量，并在此基础上，运用工具变量法对模型（6-11）进行重新估计，可以看出考虑制度内生性后，回归结果依然支持了前面的实证结论。表6-9报告了工具变量有效性的检验。各列回归中工具变量不可识别检验的 *Kleibergen-Paap rk LM* 统计量均拒绝了工具变量不可识别的原假设，说明工具变量与内生解释变量是相关的，各列弱工具变量检验的 *Kleibergen-Paap rk Wald F* 统计量均远远大于 Stock-Yogo 检验（Stock and Yogo，2005），在10%水平上的临界值16.38，说明不存在弱工具变量问题。

6.2.5　行业异质性分析

前面从制造业整体层面考察了制度中介效应，然而制造业内部各行业投入要素密度存在一定差异，对要素投入密度不同的行业而言，制度的中介效应是否均存在呢？这部分我们延续前面章节的做法，将制造业行业分为劳动密集型行业、资本密集型行业和技术密集型行业三类，进行分组回归。表6-10报告了分行业制度中介效应的检验结果，其中，（1）~（3）列报告了劳动密集型行业的回归结果，（1）~（3）列回归中，高铁变量的系数均为正，但仅在10%水平上显著；（2）列制度距离变量的系数为负，也仅在10%水平上显著，而（3）列制度质量变量的系数虽然为正，但接近于0，且并不显著。在以制度距离和制度质量作为中介变量的 Sobel-Goodman 中介效应检验中，Sobel 对应的 Z 统计量分别为 0.95 和 -0.000，对应的 P 值分别为和 0.511 和 0.960，这说明劳动密集型行业中制度中介效应并不显著；（4）~（6）列报告了资本密集型行业的回归结果，可以看出各列回归中高铁变量系数均为正，且至少在10%水平上显著为正，（5）列中制度距离变量的系数为负，（6）列制度质量的系数为正，分别在1%和5%水平上显著，在以制度距离和制度质量作为中介变量的 Sobel-Goodman 中介效应检验中，Sobel 对应的 Z 统计量值分别为 2.712 和 3.320，对应的 P 值分别为 0.006 和 0.000，中介效应占总效应比例分别为 0.118 和 0.137，说明资本密集型行业中，制度中介效应是显著的；（7）~（9）列中高铁变量的系数也均为正，且至少在10%水平上显著，制度距离变量的系数为负，在1%水平上显著，而制度质量变量的系数为正，在5%水平上显著，在以制度距离和制度质量作为中介

变量的 Sobel-Goodman 中介效应检验中，Sobel 对应的 Z 统计量值分别为
3.394 和 3.320，Z 统计量对应的 P 值均为 0.000，中介效应占总效应比例分
别为 0.228 和 0.238，说明技术密集型行业中制度中介效应显著。从中介效
应占总效应比例来看，技术密集型行业相比于资本密集型行业，制度中介效
应比例更大，而从制度变量的系数来看，技术密集型行业制度变量的系数也
大于资本密集型行业，这说明制度中介效应在技术密集型行业中表现得更为
明显。行业异质性分析表明，高铁通过改善外围城市制度环境进而吸引制造
业在沿线外围城市集聚的机制在不同行业中表现出一定的异质性。对于劳动
密集型行业而言，高铁开通促进的城市制度环境的改善，并不能对其集聚产
生显著的影响，也即制度中介效应并不明显；但是对于资本密集型和技术密
集型行业而言，高铁能够通过改善外围城市的制度环境，而最终促进沿线外
围城市的资本密集型和技术密集型行业集聚，且相比于资本密集型行业，制
度环境的改善对技术密集型制造业集聚的影响更为明显。

表 6-10　　　　　　　　制度中介效应的行业异质性考察

变量	劳动密集型			资本密集型			技术密集型		
	Emp_dens	Emp_dens	Emp_dens	Emp_dens	Emp_dens	Emp_dens	Emp_dens	Emp_dens	Emp_dens
	(1)	(2)	(3)	(4)	(5)	(6)	(7)	(8)	(9)
HSR	0.080*	0.073*	0.077*	0.120**	0.099**	0.087*	0.137**	0.104**	0.083*
	(0.042)	(0.042)	(0.043)	(0.049)	(0.047)	(0.045)	(0.061)	(0.050)	(0.046)
INS_DIS		-0.064*			-0.137***			-0.278***	
		(0.036)			(0.051)			(0.088)	
INS			0.000			0.109**			0.214**
			(0.019)			(0.047)			(0.085)
Edu	0.010	0.005	0.009	0.076	0.072	0.048	0.092	0.085	0.038
	(0.032)	(0.031)	(0.032)	(0.063)	(0.060)	(0.059)	(0.065)	(0.054)	(0.056)
lnSer	0.036	0.048	0.036	0.021	0.040	-0.007	0.088**	0.131***	0.038
	(0.030)	(0.031)	(0.029)	(0.040)	(0.040)	(0.035)	(0.038)	(0.040)	(0.026)
Indus	-0.145***	-0.155***	-0.147***	-0.132***	-0.147***	-0.128***	-0.121**	-0.151***	-0.114***
	(0.042)	(0.042)	(0.043)	(0.047)	(0.046)	(0.047)	(0.047)	(0.050)	(0.043)
样本数	1662	1642	1642	1662	1642	1642	1662	1642	1642
R^2	0.221	0.225	0.220	0.251	0.254	0.257	0.190	0.270	0.282

注：表中（ ）内为稳健标准误；***、** 和 * 分别表示在 1%、5% 和 10% 水平上显著，控制了时间
和城市固定效应。

6.2.6　稳健性检验

这部分通过更换被解释变量对前面的实证结论进行稳健性检验，采用区位熵作为衡量城市制造业集聚指标，对基准回归结果进行稳健性检验。表 6 - 11 报告了稳健性检验的结果，其中，（1）列报告了以制造业就业人数计算的区位熵作为被解释变量，对高铁变量的回归结果，回归结果显示高铁变量的系数为正，且通过了 1% 水平的显著性检验；（3）列在（1）列的基础上进一步加入制度距离变量，回归结果显示高铁变量依然为正，且系数大小有明显下降，但仅在 10% 水平上显著，而制度距离变量的系数为负，且在 1% 水平上显著；（2）列报告了以制度距离作为被解释变量，对高铁变量进行回归的结果，可以看出，高铁变量系数在 1% 水平上显著为负，说明高铁开通能够显著缩短沿线外围城市与制度前沿城市的制度距离。对（1）（2）（3）列回归进行 Sobel 法中介效应检验，检验结果中，Sobel-Goodman 中介效应检验的 Z 统计量值为 4.106，所对应的 P 值为 0.000，中介效应占总效应比例为 0.583，说明制度距离中介效应十分显著；（4）列报告了以制度质量作为被解释变量，对高铁变量进行回归的结果，可以看出高铁变量的系数为正，且通过了 1% 水平的显著性检验，说明高铁的开通有助于提高沿线外围城市的制度质量；（5）列报告了以制造业区位熵作为被解释变量对高铁变量和制度质量变量的回归结果，可以看出高铁变量的系数为正，但并没有通过显著性检验，而制度质量变量的系数为正，且在 1% 水平上显著。对（1）（4）（5）列的回归进行 Sobel 法中介效应检验，检验结果中，Sobel-Goodman 中介效应检验的 Z 统计量值为 4.853，所对应的 P 值为 0.000，中介效应占总效应比例为 0.626，说明制度质量中介效应十分显著。更换被解释变量的稳健性检验依然支持前面的实证结论。

表 6 - 11　以制造业区位熵替代制造业就业密度的回归结果

变量	(1) lnLQ	(2) INS_DIS	(3) lnLQ	(4) INS	(5) lnLQ
HSR	0.246 *** (0.067)	- 0.224 *** (0.053)	0.102 * (0.058)	0.303 *** (0.060)	0.092 (0.061)

续表

变量	(1) lnLQ	(2) INS_DIS	(3) lnLQ	(4) INS	(5) lnLQ
INS_DIS			− 0. 640 *** (0. 028)		
INS					0. 508 *** (0. 026)
Edu	0. 182 *** (0. 030)	− 0. 301 *** (0. 024)	− 0. 010 (0. 027)	0. 276 *** (0. 027)	0. 041 (0. 028)
lnSer	0. 071 *** (0. 025)	− 0. 103 *** (0. 020)	0. 005 (0. 022)	0. 204 *** (0. 023)	− 0. 032 (0. 023)
Indus	− 0. 111 *** (0. 027)	0. 082 *** (0. 021)	− 0. 058 ** (0. 023)	− 0. 171 *** (0. 024)	− 0. 023 (0. 024)
常数项	0. 072 (0. 085)	− 0. 216 *** (0. 068)	0. 471 (0. 071)	− 0. 358 *** (0. 076)	0. 254 *** (0. 077)
固定效应	YES	YES	YES	YES	YES
样本数	1423	1423	1423	1423	1423
R^2	0. 252	0. 379	0. 342	0. 230	0. 295

注：表中（　）内为稳健标准误；***、** 和 * 分别表示在 1%、5% 和 10% 水平上显著。

6.3　本章小结

本章节基于中国制造业企业加总数据匹配以城市面板数据，验证了第 3 章提出的理论假说。

在第一小节，本书通过加入交互项的方式，验证了高铁影响工资和地价进而影响制造业集聚的机制。研究发现：从整体上看，高铁开通提高了沿线城市的制造业工资和地价水平，高铁能够通过正向影响沿线城市的制造业工资水平进而抑制制造业集聚，高铁也能够通过影响地价而间接影响制造业集聚。当地价水平比较低时，高铁通过正向影响沿线城市的地价水平而促进制造业集聚，但高铁的集聚效应会随着地价的上升而呈边际递减特征，当地价处于较高水平，并且越过临界值后，高铁开通推动的地价继续上涨会对制造业集聚产生显著的抑制效应，不利于制造业在沿线城市集聚，但城市异质性考察发现，高铁通过正向影响制造业工资水平进而间接影响制造业集聚的机制仅在中心城市成立，高铁能够通过正向影响中心城市的制造业工资水平而抑制中心城市的制造业集聚，但在外围城市中高铁影响制造业工资水平进而间接影响制造业集聚的效应并不显著。高铁开通推动的地价上涨会对中心城市的制造业集聚产生显著的抑制效应，但对于外围城市而言，高铁推动地价上涨，在地价水平比较低时，对制造业集聚有显著的促进作用，只有在地价处于高位，且超过临界值后，高铁推动的地价上涨才会对沿线外围城市的制造业集聚产生抑制效应。这说明高铁开通所带来的地价和工资效应在中心城市和外围城市是不同的，高铁开通提高了中心城市的制造业工资和地价水平，抑制了中心城市的制造业集聚，但高铁开通并不会通过影响制造业工资水平而抑制制造业在沿线外围城市集聚，且高铁带来的地价上涨，在地价水平比较低时有助于促进沿线外围城市的制造业集聚。这意味着高铁开通将推高中心城市的工资和地价，使中心城市的"拥堵效应"更为明显，使得高铁沿线外围城市的要素价格优势更为凸显，促使制造业向沿线外围城市集聚。

本章第二小节，通过构建中介效应模型，综合运用多种中介效应检验方法，对高铁通过影响外围城市制度环境进而影响制造业集聚的制度中介效应进行检验，中介效应的检验结果发现：①高铁通车能够带来沿线外围城市制度质量的改善；②整体上看，高铁通车能够通过制度质量中介效应促使制造业在沿线外围城市集聚，也即高铁能够通过缩短沿线外围城市与制度前沿城市的制度距离，改善沿线外围城市的制度质量，促使制造业在沿线外围城市集聚；③分行业样本的回归结果发现高铁通车的制度中介效应在技术密集型行业中表现得更为明显，而在劳动密集型行业中制度中介效应并不显著。

| 第7章 |

结论与研究展望

区域协调发展是经济高质量发展的重要内容，而实现区域协调发展，首先要实现区域间制造业的协调发展。改革开放以来，中国制造业空间分布呈现明显的区域失衡特征，制造业高度集中于发达地区，而欠发达地区则不断面临着制造业流失的困境。中国兴起的大规模高铁基础设施建设，正深刻改变着中国跨区域间、跨城市间的交通条件。高铁发展带来的交通条件的极大改善，能否重塑中国制造业的空间格局，是一个亟待解决的重要课题。本书基于制造业集聚视角，从效应检验和机制分析两个层面，探讨了高铁与制造业空间重构的关系。近年来，随着中国高铁的大规模兴建，国内外学者对于高铁可能带来的增长效应和经济地理空间重塑效应给予了极大的关注，但目前多数研究将重点放于对高铁影响经济活动的事实验证，对高铁影响经济活动的内在机制探讨则相对较少。一些研究虽然探讨了高铁影响产业空间分布的机制，但研究框架多是建立在新经济地理学模型基础之上，由于新经济地理学模型并未将制度纳入其分析框架内，因此制度因素通常被忽略，但对于中国这一转型经济体国家，制度的讨论显然是重要的。本书先是基于省域制造业行业集聚和城市制造业集聚双重视角，量化分析了高铁对制造业空间集聚的影响，进而从影响要素再配置的工资和地价等要素价格机制和城市制度环境两方面，构建了高铁影响制造业空间集聚的理论分析框架，并运用中国制造业企业加总数据匹配以城市面板数据对理论机制进行验证，本书还从城市高铁可达性角度考察了高铁的空间溢出效应。

7.1 主要结论与政策含义

7.1.1 主要结论

本书通过理论分析和实证检验两个层面，对高铁影响制造业空间重构的效应与机制进行研究，主要得出以下几点结论：

第一，对高铁出现前后中国制造业空间集聚特征及演变趋势的考察发现，高铁出现前后中国制造业产业集聚程度呈现由集聚强化向集聚弱化转变，无论是二位数、三位数还是四位数制造业行业测算的 EG 指数，均显示高铁出现后中国制造业整体产业集聚程度呈逐年下降态势。另外，高铁出现后中心城市的制造业份额出现了更大幅度的下降，而外围城市制造业份额则出现较大幅度上升，进一步通过对比开通高铁和未开通高铁的外围城市制造业就业密度随时间变化的趋势，发现开通高铁的外围城市制造业就业密度相比于未开通高铁的外围城市有更为明显的增加。

第二，基于高铁对省域制造业行业集聚影响的量化分析。发现高铁服务提供是影响省域制造业行业空间扩散的重要动因，从整体上看，高铁服务的提供显著地抑制了省域制造业产业集聚水平的提高，促进了制造业的空间扩散；从分行业看，中国高铁服务提供对技术密集型制造业行业集聚的负向抑制效应要大于劳动密集型和资本密集型行业。

第三，基于高铁对城市制造业集聚影响的量化分析。表明高铁是影响城市制造业空间重构的重要动因，整体上看，开通高铁显著抑制了沿线中心城市的制造业集聚，但显著提高了沿线外围城市的制造业集聚水平，高铁已成为重构中国制造业空间格局的重要力量。分行业考察发现，高铁发展会促使资本密集型行业和技术密集型行业在沿线外围城市集聚，同时会抑制这些行业在中心城市集聚，而对于劳动密集型行业而言，高铁会显著抑制这些行业在高铁沿线城市集聚。

第四，在多区域空间经济模型基础上，本书结合拓展的企业选址模型，构建了高铁、要素价格与制造业集聚关系的理论分析框架。在此基础上，利用中国制造业企业加总数据匹配以城市面板数据，对高铁影响制造业集聚的要素再配置效应进行实证检验。基于全样本的考察发现，高铁开通提高了沿线城市的制造业工资和地价水平。工资水平提高不利于制造业集聚，而地价与制造业集聚之间则呈倒 U 型关系，当地价水平比较低时，一定程度的地价上涨有助于促进制造业集聚，但随着地价的上涨这种集聚效应会呈现边际递减特征，当地价水平处于高位，并越过临界值之后，地价的继续上涨将对制造业集聚产生显著的负向影响。从整体上看，高铁开通有助于促进制造业在沿线城市集聚，但制造业工资水平的提高则会弱化高铁的集聚效应，高铁会通过正向影响制造业工资水平而间接抑制制造业集聚水平的提高。高铁也能够通过影响地价而间接影响制造业集聚。当地价水平比较低时，高铁通过正向影响地价水平而促进沿线城市的制造业集聚，但高铁的集聚效应会随着地价的上升而呈边际递减特征，当地价处于较高水平，并且越过临界值后，高铁开通推动的地价继续上涨会对沿线城市制造业集聚产生显著的抑制效应。基于城市异质性的考察发现，对于考察期的中心城市而言，地价与制造业集聚之间并不存在倒 U 型关系，而是一种负向的线性关系，也即中心城市的地价上涨会显著抑制制造业集聚，通过加入高铁与地价的交互项后，则进一步发现高铁的开通能够通过正向影响沿线中心城市的地价水平，而显著抑制制造业在中心城市集聚。对于考察期的外围城市而言，高铁通过影响制造业工资水平进而影响沿线外围城市制造业集聚的间接效应并不显著，也即高铁的开通并不能通过提高沿线外围城市的制造业工资水平而抑制沿线外围城市的制造业集聚，且对于考察期的外围城市而言，地价与制造业集聚之间存在倒 U 型关系，高铁能够通过正向影响沿线外围城市地价，进而影响沿线外围城市的制造业集聚水平。沿线外围城市地价水平比较低时，高铁的开通能够通过正向影响地价而吸引制造业在沿线外围城市集聚，只有当地价处于高位并越过临界点后，开通高铁助推的地价进一步上涨才会对沿线外围城市的制造业集聚产生显著的抑制作用。

第五，本书将制度因素纳入高铁影响制造业集聚的机制研究框架中，构建了高铁影响制度环境进而影响制造业在沿线外围城市集聚的理论机制。具体来看，高铁能够通过加强中心城市对外围城市的信息溢出和加剧城市之间的政府竞争两种路径，促进高铁沿线外围城市制度质量改善，且高铁能够通过改善沿线外围城市制度质量，缩短外围城市与中心城市的制度距离，正向影响外围城市的制造业集聚。对制度中介效应的检验结果表明，从整体上看，高铁确实能够通过改善外围城市制度质量，缩短外围城市与制度前沿城市的制度距离，进而提高外围城市制造业集聚水平；分行业的检验结果发现，高铁的制度中介效应在技术密集型行业中表现得尤为明显，而在劳动密集型行业中制度中介效应并不显著。

第六，以铁路旅行时间为切入点，通过构造反映高铁出现后城市可达性变化的指标，基于不同空间权重，考察了高铁发展带来的城市可达性变化对制造业集聚的本地影响及空间溢出效应。从整体来看，高铁发展带来的城市可达性改善不仅能够促进制造业在本地城市集聚，对邻近城市的制造业集聚也有显著的空间溢出效应；从分行业来看，高铁带来的可达性改善能够显著的促进资本密集型和技术密集型制造业在本地城市集聚，同时会对与其邻近的城市的资本密集型和技术密集型制造业集聚产生正向空间溢出效应。

7.1.2　政策含义

交通基础设施对经济活动空间分布的影响已被多数研究文献所证实，无论是传统的产业区位理论、新古典贸易理论、新贸易理论，还是新经济地理学，都强调交通条件改善对产业空间分布的重要影响。本书的实证研究发现高铁发展有助于促进制造业向沿线外围城市集聚，抑制制造业在中心城市的集聚。这说明高铁已成为推动中国制造业空间重构的重要力量，高铁推动的制造业空间转移，对实现区域间制造业区域协调发展具有重要意义。如何利用政府政策，让高铁推动制造业空间重构的效能得到最大发挥，进而更好地实现地区间经济协调发展，是值得关注的重要论题。

鉴于上述认识，在前面研究结论的基础上，得出以下两点政策启示。

一是从国家层面来看，应加强高铁建设规划，推进高铁服务供给的规模扩张和结构优化，充分发挥高铁对制造业空间分布的重塑功能，缩小区域间制造业发展差距。具体地，在进行高铁建设规划时，应该充分考虑高铁的空间分布效应，在减少重复建设的同时，推进高铁网络更多地向外围城市、欠发达地区延伸，让更多的城市接入高铁网络，尽可能实现高铁服务供给的区域协调发展。在加强高铁建设、优化高铁服务供给结构的同时，加强政策配套，通过产业政策和营造良好的制度环境，引导制造业更多地向外围城市集聚。

二是从外围城市地方政府层面来看，未开通高铁的城市应该正视高铁对城市制造业发展的重要意义，努力寻求与中心城市合作开展城际高铁和其他城际交通基础设施规划和建设，使自身更好地融入中心城市的经济圈，同时充分发挥自身在要素价格方面的比较优势，加强营商环境建设，以更好地承接制造业的产业转移；开通高铁的城市应该正视高铁通车带来的机遇与挑战，增强竞争意识和危机意识，充分利用好高铁这一便捷的交通工具，以高铁为纽带，加强与区域中心城市在经济、文化、教育和科技等各领域的交流与合作，在利用自身要素价格比较优势的基础上，努力营造良好的制度环境，吸引制造业在本地集聚，同时也应该加强产业规划和布局，努力实现与中心城市在产业发展上的错位互补，使自身的比较优势得以更好地发挥。

7.2　研究展望

本书首先基于行业维度考察了高铁对省域制造业行业集聚的影响，接着从城市维度考察了高铁对沿线中心城市和外围城市制造业集聚的异质性影响，并进一步考察了高铁影响制造业空间集聚的机制，得出了上述的六点实证结论。高铁影响制造业集聚的机制是多方面的，虽然本书从要素价格机制和制度机制两个方面尝试对高铁影响制造业集聚的机制进行探讨，但仍然是不全面的，在以往的研究中还发现，高铁能够通过影响要素流动，特别是人力资本的流动，影响产业空间分布的机制。由于本书研究的是高铁影响制造业空间重构的效应和机制，对于高铁带来的制造业空间重构效应到底会对中国整体经济福利的提高产生怎样的影响，却还未涉及。在接下来的工作中，可以从以下几个方面进行进一步拓展研究：一是进一步考察高铁带来的制造业空间重构效应对社会整体福利改善的影响，如高铁影响制造业空间重构是否会对中国经济的高质量转型产生深远的影响；二是进一步考察高铁影响制造业集聚的其他机制，如高铁是否能够通过促进人才的空间流动进而影响制造业集聚。

附　　录

27 个二位数行业代码转换表

行业代码	行业名称及行业代码转换	行业代码	行业名称及行业代码转换
13	农副食品加工业	27	医药制造业
14	食品制造业	28	化学纤维制造业
15	饮料制造业	29	橡胶和塑料制品业（将 02 版中的行业代码 29 和 30 合并，统一为 29）
16	烟草制品业	30	非金属矿物制品业（将 02 版行业代码 31 转换为 30）
17	纺织业	31	黑色金属冶炼及压延加工业（将 02 版行业代码 32 转换为 31）
18	纺织服装、鞋、帽制造业	32	有色金属冶炼及压延加工业（将 02 版行业代码 33 转换为 32）
19	皮革、毛皮、羽毛（绒）及其制品业	33	金属制品业（将 02 版行业代码 34 转换为 33）
20	木材加工及木、竹、藤、棕、草制品业	34	通用设备制造业（将 02 版行业代码 35 转换为 34）
21	家具制造业	35	专用设备制造业（将 02 版行业代码 36 转换为 35）
22	造纸及纸制品业	36	交通运输设备制造业（将 11 版行业代码 36 和 37 统一为 36；将 02 版行业代码 37 转换为 36）
23	印刷业和记录媒介的复制	37	电气机械及器材制造业（将 11 版行业代码 38 转换为 37；将 02 版行业代码 39 转换为 37）
24	文教体育用品制造业	38	通信设备、计算机及其他电子设备制造业（将 11 版行业代码 39 转换为 38；将 02 版行业代码 40 改为 38）
25	石油加工、炼焦及核燃料加工业	39	仪器仪表制造业（将 11 版行业代码 40 转换为 39；将 02 版行业代码 41 转换为 39）
26	化学原料及化学制品制造业		

参考文献

［1］卞元超，白俊红．"为增长而竞争"与"为创新而竞争"——财政分权对技术创新影响的一种新解释［J］．财政研究，2017（10）：43－53．

［2］曹佳斌．城市交通可达性改善与制造业空间分布［J］．广东社会科学，2019（1）：35－45．

［3］曹玉红，宋艳卿，朱胜清，等．基于点状数据的上海都市型工业空间格局研究［J］．地理研究，2015，34（9）：1708－1720．

［4］陈林．中国工业企业数据库的使用问题再探［J］．经济评论，2018（6）：140－153．

［5］陈曦，席强敏，李国平．城镇化水平与制造业空间分布——基于中国省级面板数据的实证研究［J］．地理科学，2015（3）：259－267．

［6］陈宇峰，叶志鹏．区域行政壁垒、基础设施与农产品流通市场分割——基于相对价格法的分析［J］．国际贸易问题，2014（6）：99－111．

［7］程艳，叶徵．流通成本变动与制造业空间集聚——基于地方保护政策的理论和实践分析［J］．中国工业经济，2013（4）：146－158．

［8］程中华．城市制造业与生产性服务业的空间关联与协同定位［J］．中国科技论坛，2016（5）：85－90．

［9］邓宏图，宋高燕．学历分布、制度质量与地区经济增长路径的分岔［J］．经济研究，2016，51（9）：89－103．

［10］邓慧慧．贸易自由化、要素分布和制造业集聚［J］．经济研究，2009，44（11）：118－129．

［11］邓路，谢志华，李思飞．民间金融、制度环境与地区经济增长［J］．管理世界，2014（3）：31－40．

［12］邓涛涛，王丹丹．中国高速铁路建设加剧了"城市蔓延"

吗？——来自地级城市的经验证据 [J]. 财经研究，2018，44（10）：125 – 137.

[13] 邓涛涛，赵磊，马木兰. 长三角高速铁路网对城市旅游业发展的影响研究 [J]. 经济管理，2016，38（1）：137 – 146.

[14] 董艳梅，朱英明. 高铁建设的就业效应研究——基于中国 285 个城市倾向匹配倍差法的证据 [J]. 经济管理，2016，38（11）：26 – 44.

[15] 董艳梅，朱英明. 高铁建设能否重塑中国的经济空间布局——基于就业、工资和经济增长的区域异质性视角 [J]. 中国工业经济，2016（10）：92 – 108.

[16] 范欣，宋冬林，赵新宇. 基础设施建设打破了国内市场分割吗？[J]. 经济研究，2017，52（2）：20 – 34.

[17] 韩峰，柯善咨. 追踪我国制造业集聚的空间来源：基于马歇尔外部性与新经济地理的综合视角 [J]. 管理世界，2012（10）：55 – 70.

[18] 贺灿飞，潘峰华，孙蕾. 中国制造业的地理集聚与形成机制 [J]. 地理学报，2007（12）：1253 – 1264.

[19] 贺灿飞，朱晟君. 北京市劳动力结构和空间结构对其制造业地理集聚的影响 [J]. 中国软科学，2007（11）：104 – 113.

[20] 贺灿飞，朱向东，孔莹晖，等. 集聚经济、政策激励与中国计算机制造业空间格局——基于贸易数据的实证研究 [J]. 地理科学，2018，38（10）：1579 – 1588.

[21] 贺灿飞. 中国制造业地理集中与集聚 [M]. 北京：科学出版社，2009：21 – 22.

[22] 黄健柏，徐震，徐珊. 土地价格扭曲、企业属性与过度投资——基于中国工业企业数据和城市地价数据的实证研究 [J]. 中国工业经济，2015（3）：57 – 69.

[23] 黄凯南，孙广召. 高铁开通如何影响企业全要素生产率？——基于中国制造业上市企业的研究 [J]. 中国地质大学学报（社会科学版），2019，19（1）：144 – 157.

[24] 李贲，吴利华. 开发区设立与企业成长：异质性与机制研究 [J]. 中国工业经济，2018（4）：79 – 97.

［25］李涵，唐丽淼．交通基础设施投资、空间溢出效应与企业库存［J］．管理世界，2015（4）：126 – 136.

［26］李婧，谭清美，白俊红．中国区域创新生产的空间计量分析——基于静态与动态空间面板模型的实证研究［J］．管理世界，2010（7）：43 – 55.

［27］李雪松，孙博文．高铁开通促进了地区制造业集聚吗？——基于京广高铁的准自然试验研究［J］．中国软科学，2017（7）：81 – 90.

［28］梁红艳，王健．中国生产性服务业与制造业的空间关系［J］．经济管理，2012（11）：19 – 29.

［29］梁琦，李建成，夏添，等．知识交流合作的空间溢出与邻近效应——来自长三角城市群的经验证据［J］．吉林大学社会科学学报，2019，59（2）：41 – 51.

［30］刘荷，王健．交通基础设施对制造业集聚的溢出效应：基于地区和行业的实证分析［J］．东南学术，2014（4）：96 – 105.

［31］刘慧，綦建红．"邻居"对中国企业出口生存的影响有多大——基于信息溢出的视角［J］．财贸经济，2018，39（8）：96 – 109.

［32］刘金凤，赵勇．高铁对中国城镇化均衡发展的影响——基于中西部地区 163 个地级市面板数据的分析［J］．城市问题，2018（5）：15 – 25.

［33］刘晓欣，张辉，程远．高铁开通对城市房地产价格的影响——基于双重差分模型的研究［J］．经济问题探索，2018（8）：28 – 38.

［34］刘怡，张宁川，周凌云．高铁建设与区域均衡发展——来自京津冀高铁通车的证据［J］．北京大学学报（哲学社会科学版），2018，55（3）：60 – 71.

［35］刘勇政，李岩．中国的高速铁路建设与城市经济增长［J］．金融研究，2017（11）：18 – 33.

［36］刘岳平，付晓东．空间邻近、溢出效应对企业区位选择的影响［J］．软科学，2018，32（4）：49 – 53.

［37］龙小宁，万威．环境规制、企业利润率与合规成本规模异质性［J］．中国工业经济，2017（6）：155 – 174.

［38］卢福财，詹先志．高速铁路对沿线城市工业集聚的影响研究——基于中部城市面板数据的实证分析［J］．当代财经，2017（11）：88 – 99.

［39］鲁桐，党印．公司治理与技术创新：分行业比较［J］．经济研究，2014（6）：115－128．

［40］鲁万波，贾婧．高速铁路、城市发展与区域经济发展不平等——来自中国的经验数据［J］．华东经济管理，2018，32（2）：5－14．

［41］陆铭，陈钊．分割市场的经济增长——为什么经济开放可能加剧地方保护？［J］．经济研究，2009（3）：42－52．

［42］逯建，杜清源，孙浦阳．时间成本、城市规模与人均经济增长——基于铁路时刻数据的实证分析［J］．管理世界，2018，34（5）：74－85．

［43］路江涌，陶志刚．我国制造业区域集聚程度决定因素的研究［J］．经济学（季刊），2007（3）：801－816．

［44］吕国庆，曾刚，顾娜娜．基于地理邻近与社会邻近的创新网络动态演化分析——以我国装备制造业为例［J］．中国软科学，2014（5）：97－106．

［45］牛旻昱，钟坚，钟无涯．行政垄断、市场配置与中部地区制造业地理集聚［J］．当代财经，2014（3）：99－110．

［46］祁春凌，邹超．东道国制度质量、制度距离与中国的对外直接投资区位［J］．当代财经，2013（7）：100－110．

［47］施震凯，邵军，浦正宁．交通基础设施改善与生产率增长：来自铁路大提速的证据［J］．世界经济，2018，41（6）：127－151．

［48］石林，傅鹏，李柳勇．高铁促进区域经济一体化效应研究［J］．上海经济研究，2018（1）：53－62．

［49］覃成林，种照辉．高速铁路发展与铁路沿线城市经济集聚［J］．经济问题探索，2014（5）：163－169．

［50］谭建华，丁红燕，谭志东．高铁开通与企业创新——基于高铁开通的准自然实验［J］．山西财经大学学报，2019（3）：60－70．

［51］唐红祥，王业斌，王旦，等．中国西部地区交通基础设施对制造业集聚影响研究［J］．中国软科学，2018（8）：137－147．

［52］汪浩瀚，徐建军．市场潜力、空间溢出与制造业集聚［J］．地理研究，2018，37（9）：1736－1750．

［53］王春杨，孟卫东，周靖祥．高铁时代中国城市群空间演进：集聚还是扩散［J］．当代经济科学，2018，40（3）：103－113．

［54］王鹏，李彦．高铁对城市群经济集聚演化的影响——以中国三大城市群为例［J］．城市问题，2018（5）：62－72.

［55］王恕立，向姣姣．制度质量、投资动机与中国对外直接投资的区位选择［J］．财经研究，2015，41（5）：134－144.

［56］王文剑，仉建涛，覃成林．财政分权、地方政府竞争与FDI的增长效应［J］．管理世界，2007（3）：13－22.

［57］王小鲁等．中国分省份市场化指数报告［M］．北京：社会科学文献出版社，2017.

［58］王垚，年猛．高速铁路与城市规模扩张——基于中国的实证研究［J］．财经科学，2014（10）：113－122.

［59］王雨飞，倪鹏飞．高速铁路影响下的经济增长溢出与区域空间优化［J］．中国工业经济，2016（2）：21－36.

［60］王赟赟，陈宪．市场可达性、人口流动与空间分化［J］．经济评论，2019（1）：3－18.

［61］魏丽，卜伟，王梓利．高速铁路开通促进旅游产业效率提升了吗？——基于中国省级层面的实证分析［J］．经济管理，2018（7）：72－90.

［62］温忠麟，叶宝娟．中介效应分析：方法和模型发展［J］．心理科学进展，2014，22（5）：731－745.

［63］文东伟，冼国明．中国制造业产业集聚的程度及其演变趋势：1998～2009年［J］．世界经济，2014（3）：3－31.

［64］吴三忙，李善同．国内市场一体化与制造业地理集聚演变研究［J］．山西财经大学学报，2011，33（8）：60－68.

［65］徐保昌，谢建国．市场分割与企业生产率：来自中国制造业企业的证据［J］．世界经济，2016，39（1）：95－122.

［66］鄢波，王华．地方政府竞争与"扶持之手"的选择［J］．宏观经济研究，2018（9）：85－97.

［67］杨洪焦，孙林岩，吴安波．中国制造业聚集度的变动趋势及其影响因素研究［J］．中国工业经济，2008（4）：64－72.

［68］杨栩，廖姗．环境伦理与新创企业绿色成长的倒U型关系研究［J］．管理学报，2018，15（7）：1040－1047.

［69］叶素云，叶振宇．中国工业企业的区位选择：市场潜力、资源禀赋与税负水平［J］．南开经济研究，2012（5）：94－110.

［70］尹希果，刘培森．中国制造业集聚影响因素研究——兼论城镇规模、交通运输与制造业集聚的非线性关系［J］．经济地理，2013（12）：97－103.

［71］余靖雯，王敏，郭凯明．土地财政还是土地金融？——地方政府基础设施建设融资模式研究［J］．经济科学，2019（1）：69－81.

［72］张金月，张永庆．高速铁路对城市住宅价格的影响研究——以武广高铁为例［J］．价格理论与实践，2018（7）：139－142.

［73］张俊．高铁建设与县域经济发展——基于卫星灯光数据的研究［J］．经济学（季刊），2017，16（4）：1533－1562.

［74］张克中，陶东杰．交通基础设施的经济分布效应——来自高铁开通的证据［J］．经济学动态，2016（6）：62－73.

［75］张梦婷，俞峰，钟昌标，等．高铁网络、市场准入与企业生产率［J］．中国工业经济，2018（5）：137－156.

［76］张明志，余东华，孙媛媛．高铁开通对城市人口分布格局的重塑效应研究［J］．中国人口科学，2018（5）：94－108.

［77］张铭洪，张清源，梁若冰．高铁对城市房价的非线性及异质性影响研究［J］．当代财经，2017（9）：3－13.

［78］赵伟，张萃．市场一体化与中国制造业区域集聚变化趋势研究［J］．数量经济技术经济研究，2009，26（2）：18－32.

［79］赵云，李雪梅．基于可达性的知识溢出估计模型——高速铁路网络的影响分析［J］．软科学，2015，29（5）：55－58.

［80］赵璂，石敏俊，杨晶．市场邻近、供给邻近与中国制造业空间分布——基于中国省区间投入产出模型的分析［J］．经济学（季刊），2012，11（3）：1059－1078.

［81］周浩，余壮雄，杨铮．可达性、集聚和新建企业选址——来自中国制造业的微观证据［J］．经济学（季刊），2015，14（4）：1393－1416.

［82］周玉龙，杨继东，黄阳华，等．高铁对城市地价的影响及其机制研究——来自微观土地交易的证据［J］．中国工业经济，2018（5）：118－136.

［83］朱文涛，顾乃华，谭周令．高铁建设对中间站点城市服务业就业的

影响——基于地区和行业异质性视角 [J]. 当代财经, 2018 (7): 3 - 13.

[84] Álvarez-Ayuso I C, Condeço-Melhorado A M, Gutiérrez J, et al. Integrating Network Analysis with the Production Function Approach to Study the Spillover Effects of Transport Infrastructure [J]. Regional Studies, 2016, 50 (6): 996 - 1015.

[85] Aiginger K, Pfaffermayr M. The Single Market and Geographic Concentration in Europe [J]. Review of International Economics, 2004, 12 (1): 1 - 11.

[86] Akkemik K A, Göksal K. Do Exports Explain Industrial Agglomeration and Regional Disparities in Turkey? [J]. Journal of International Development, 2014, 26 (4): 471 - 491.

[87] Alanon-Pardo A, Arauzo-Carod J. Agglomeration, Accessibility and Industrial Location: Evidence from Spain [J]. Entrepreneurship and Regional Development, 2013, 25 (3 - 4): 135 - 173.

[88] Amirapu A, Hasan R, Jiang Y, et al. Geographic Concentration in Indian Manufacturing and Service Industries: Evidence from 1998 to 2013 [J]. Asian Economic Policy Review, 2019, 14 (1): 148 - 168.

[89] Andersson D E, Shyr O F, Fu J. Does High-speed Rail Accessibility Influence Residential Property Prices? Hedonic Estimates from Southern Taiwan [J]. Journal of Transport Geography, 2010, 18 (1): 166 - 174.

[90] Andersson M. Co-Location of Manufacturing and Producer Services: A Simultaneous Equation Approach [C]. Karlsson C., Johansson B., Stough R. Entrepreneurship and Dynamics in the Knowledge Economy. New York: Routledge, 2006: 94 - 124.

[91] Appold S J. Research Parks and the Location of Industrial Research Laboratories: an Analysis of the Effectiveness of a Policy Intervention [J]. Research Policy, 2004, 33 (2): 225 - 243.

[92] Artal-Tur A, Navarro-Azorín J M, Alamá-Sabater M L, et al. Spatial Effects in Industrial Location Choices: Industry Characteristics and Urban Accessibility [J]. Tijdschrift voor economische en sociale geografie, 2013, 104 (2): 159 - 174.

［93］ Barrios S, Bertinelli L, Strobl E. Geographic Concentration and Establishment Scale: an Extension Using Panel Data* ［J］. Journal of Regional Science, 2006, 46 (4): 733 – 746.

［94］ Belotti F, Hughes G, Piano Mortari A. Spatial Panel Data Models using Stata ［J］. Ceis research paper, 2016 (17) : 139 – 180.

［95］ Cameron, Trivedi. Microeconometrics-Methods and Application ［M］. Cambridge, The Cambridge University Press, 2005.

［96］ Che Y, Lu Y, Tao Z. Institutional Quality and New Firm Survival ［J］. Economics of Transition, 2017, 25 (3): 495 – 525.

［97］ Chen Z, Haynes K E. Impact of High Speed Rail on Housing Values: an Observation from the Beijing-Shanghai Line ［J］. Journal of Transport Geography, 2015, 43: 91 – 100.

［98］ Chen Z, Haynes K E. Impact of High-speed Rail on Regional Economic Disparity in China ［J］. Journal of Transport Geography, 2017, 65: 80 – 91.

［99］ Cheng Y, Loo B P Y, Vickerman R. High-speed Rail Networks, Economic Integration and Regional Specialisation in China and Europe ［J］. Travel Behaviour and Society, 2015, 2 (1): 1 – 14.

［100］ Christaller W. Central Places in Southern Germany ［M］. Jena: Fischer, 1933.

［101］ Coffman C, Gregson M E. Railroad Development and Land Value ［J］. The Journal of Real Estate Finance and Economics, 1998, 16 (2): 191 – 204.

［102］ Crozet M, Koenig Soubeyran P. EU Enlargement and the Internal Geography of Countries ［J］. Journal of Comparative Economics, 2004, 32 (2): 265 – 279.

［103］ Dai X, Xu M, Wang N. The industrial Impact of the Beijing-Shanghai High-speed Rail ［J］. Travel Behaviour and Society, 2018, 12: 23 – 29.

［104］ Deng T, Wang D, Yang Y, et al. Shrinking Cities in Growing China: Did High Speed Rail Further Aggravate Urban Shrinkage? ［J］. Cities, 2019, 86: 210 – 219.

［105］ Di Vita G. Institutional Quality and the Growth Rates of the Italian

Regions: The Costs of Regulatory Complexity [J]. Papers in Regional Science, 2018, 97 (4): 1057 – 1081.

[106] Diao M. Does Growth Follow the Rail? The Potential Impact of High-speed Rail on the Economic Geography of China [J]. Transportation Research Part A: Policy and Practice, 2018, 113: 279 – 290.

[107] Dong X, Zheng S, Kahn M E. The Role of Transportation Speed in Facilitating High Skilled Teamwork [J]. NBER Working Papers, 2018.

[108] Dong X. High-speed Railway and Urban Sectoral Employment in China [J]. Transportation Research Part A: Policy and Practice, 2018, 116: 603 – 621.

[109] Ellison G, Glaeser E L. Geographic Concentration in U. S. Manufacturing Industries: A Dartboard Approach [J]. Journal of Political Economy, 1994, 105 (5): 889 – 927.

[110] Gao Y, Su W, Wang K. Does High-speed Rail Boost Tourism Growth? New Evidence from China [J]. Tourism Management, 2019, 72: 220 – 231.

[111] Gilles Duranton, Henry G. Overman. Testing for Localization Using Micro-Geographic Data [J]. Review of Economic Studies, 2010, 72 (4): 1077 – 1106.

[112] Heuermann D F, Schmieder J F. The Effect of Infrastructure on Worker Mobility: Evidence from High-Speed Rail Expansion in Germany [J]. Social Science Electronic Publishing, 2018.

[113] Holmes T J, Stevens J J. Geographic Concentration and Establishment Scale [J]. Review of Economics and Statistics, 2002, 84 (4): 682 – 690.

[114] Hoover E. Location Theory and Shoe and Leather Industry [M]. Cambridge: University of Chicago Press, 1937.

[115] Hsu W, Wang P. Trade, Firm Selection, and Industrial Agglomeration [J]. Regional Science and Urban Economics, 2012, 42 (6): 975 – 986.

[116] H. Hanson G. Market Potential, Increasing Returns and Geographic Concentration [J]. Journal of International Economics, 2005, 67 (1): 1 – 24.

[117] Isard W. Location and the Space Economy [M]. Cambridge, MA: MIT Press, 1956.

［118］ Jia S, Zhou C, Qin C. No Difference in Effect of High-speed Rail on Regional Economic Growth Based on Match Effect Perspective? ［J］. Transportation Research Part A: Policy and Practice, 2017, 106: 144 – 157.

［119］ Ke X, Chen H, Hong Y, et al. Do China's High-speed-rail Projects Promote Local Economy? —New Evidence from a Panel Data Approach ［J］. China Economic Review, 2017, 44: 203 – 226.

［120］ Kim K S. High-speed Rail Developments and Spatial Restructuring-A Case Study of the Capital Region in South Korea ［J］. CITIES, 2000, 17 (4): 251 – 262.

［121］ Kogut B, Singh H. The Effect of National Culture on the Choice of Entry Mode ［J］. Journal of International Business Studies, 1988, 19 (3): 411 – 432.

［122］ Krugman P, Venables A J. Globalization and the Inequality of Nations ［J］. The Quarterly Journal of Economics, 1995, 110 (4): 857 – 880.

［123］ Krugman P. Increasing Returns and Economic Geography ［J］. Journal of Political Economy, 1991, 99 (3): 483 – 499.

［124］ Krugman P. Geography and Trade ［M］. Cambridge, MA: MIT Press, 1991a.

［125］ LeSage, J. and Pace, R. K. Introduction to Spatial Econometrics ［M］. CRC Press, Taylor & Francis Group, New York, 2009.

［126］ Li H, Strauss J, Shunxiang H, et al. Do High-speed Railways Lead to Urban Economic Growth in China? A Panel Data Study of China's Cities ［J］. The Quarterly Review of Economics and Finance, 2018, 69: 70 – 89.

［127］ Li L S Z, Yang F X, Cui C. High-speed Rail and Tourism in China: An Urban Agglomeration Perspective ［J］. International Journal of Tourism Research, 2019, 21 (1): 45 – 60.

［128］ Li T, Zhang S, Cao X, et al. Does a Circular High-speed Rail Network Promote Efficiency and Spatial Equity in Transport Accessibility? Evidence from Hainan Island, China ［J］. Transportation Planning and Technology, 2018, 41 (7): 779 – 795.

［129］Lian T, Ma T, Cao J, et al. The Effects of Environmental Regulation on the Industrial Location of China's Manufacturing ［J］. Natural Hazards, 2016, 80（2）: 1381 – 1403.

［130］Lin Y. Travel Costs and Urban Specialization Patterns: Evidence from China's High Speed Railway System ［J］. Journal of Urban Economics, 2017, 98: 98 – 123.

［131］Lind J T, Mehlum H. With or Without U? The Appropriate Test for a U-Shaped Relationship ［J］. Oxford Bulletin of Economics & Statistics, 2010, 72（1）: 109 – 118.

［132］Long F, Zheng L, Song Z. High-speed Rail and Urban Expansion: An Empirical Study Using a Time Series of Nighttime Light Satellite Data in China ［J］. Journal of Transport Geography, 2018, 72: 106 – 118.

［133］Losch A. The Economics of Location ［M］. New Haven, CT: Yale University Press, 1939.

［134］Lu J, Tao Z. Trends and Determinants of China's Industrial Agglomeration ［J］. Journal of Urban Economics, 2009, 65（2）: 167 – 180.

［135］Martin R. European Integration and Economic Geography: Theory and Empirics in the Regional Convergence Debate ［J］. Multidisciplinary Economics, 2005: 227 – 257.

［136］Martinez-Victoria M, Mate Sanchez-Val M, Arcas-Lario N. Spatial Determinants of Productivity Growth on Agri-food Spanish Firms: a Comparison between Cooperatives and Investor-owned Firms ［J］. Agricultural Economics, 2018, 49（2）: 213 – 223.

［137］Mejia-Dorantes L, Paez A, Vassallo J M. Transportation Infrastructure Impacts on Firm Location: the Effect of a New Metro Line in the Suburbs of Madrid ［J］. Journal of Transport Geography, 2012, 22: 236 – 250.

［138］Meng X, Lin S, Zhu X. The Resource Redistribution Effect of High-speed Rail Stations on the Economic Growth of Neighbouring Regions: Evidence from China ［J］. Transport Policy, 2018, 68: 178 – 191.

［139］Ohlin B. Interregional and International Trade ［M］. Cambridge,

MA：Harvard University Press，1933.

[140] Olga A V, Chamorro-Rivas José-María. How do Producer Services Affect the Location of Manufacturing Firms? The Role of Information Accessibility [J]. Environment and Planning A, 2001, 33 (9)：1621 – 1642.

[141] O'Gorman C, Kautonen M. Policies to Promote New Knowledge-intensive Industrial Agglomerations. [J]. Entrepreneurship & Regional Development, 2004, 16 (6)：459 – 479.

[142] Paluzie E, Pons J, Tirado D A. Regional Integration and Specialization Patterns in Spain [J]. Regional Studies, 2001, 35 (4)：285 – 296.

[143] Qin Y. No county left behind? The Distributional Impact of High-speed Rail Upgrades in China [J]. Journal of Economic Geography, 2017, 17 (3)：489 – 520.

[144] Redding S J, Turner M A. Chapter 20-Transportation Costs and the Spatial Organization of Economic Activity [M] Duranton G, Henderson J V, Strange W C. Handbook of Regional and Urban Economics. Elsevier, 2015：1339 – 1398.

[145] Rios-Quezada G, Obregon-Biosca S A. The Accessibility by the Road Transport Infrastructure and Industrial Location Theory [J]. Economia Sociedad Y Territorio, 2017, 17 (55)：581 – 617.

[146] Rosenthal S S, Strange W C. The Determinants of Agglomeration [J]. Journal of Urban Economics, 2001, 50 (2)：191 – 229.

[147] Sasaki K, Ohashi T, Ando A. High-speed Rail Transit Impact on Regional Systems：does the Shinkansen Contribute to Dispersion? [J]. The Annals of Regional Science, 1997, 31 (1)：77 – 98.

[148] Shao S, Tian Z, Yang L. High Speed rail and Urban Service Industry Agglomeration：Evidence from China's Yangtze River Delta Region [J]. Journal of Transport Geography, 2017, 64：174 – 183.

[149] Sjöberg Ö, Sjöholm F. Trade Liberalization and the Geography of Production：Agglomeration, Concentration, and Dispersal in Indonesia's Manufacturing Industry [J]. Economic Geography, 2004, 80 (3)：287 – 310.

[150] Sobel M E. Asymptotic Confidence Intervals for Indirect Effects in

Structural Equation Models [J]. Sociological Methodology, 1982, 13: 290 – 312.

[151] Song Y, Lee K, Anderson W P, et al. Industrial Agglomeration and Transport Accessibility in Metropolitan Seoul [J]. Journal of Geographical Systems, 2012, 14 (3): 299 – 318.

[152] Staiger D, Stock J H. Instrumental Variables Regression with Weak Instruments [J]. Econometrica, 1997, 65 (3): 557 – 586.

[153] Stock J H, Yogo M. Testing for Weak Instruments in Linear IV Regression [J]. Nber Technical Working Papers, 2005, 14 (1): 80 – 108.

[154] Sun B, Yu H, Peng Z R, et al. High-Speed Rail and Manufacturing Agglomeration: Evidence from Beijing-Guangzhou High-Speed Rail in China [J]. Transportation Research Record Journal of the Transportation Research Board, 2017, 2606: 86 – 95.

[155] Ureña J M, Menerault P, Garmendia M. The High-speed Rail Challenge for Big Intermediate Cities: A National, Regional and Local Perspective [J]. Cities, 2009, 26 (5): 266 – 279.

[156] Venables K A J. Globalization and the Inequality of Nations [J]. The Quarterly Journal of Economics, 1995, 110 (4): 857 – 880.

[157] Vernon R. International Investment and International Trade in the Product Cycle [J]. The Quarterly Journal of Economics, 1966, 80 (2): 190 – 207.

[158] Vickerman R. Can High-speed Rail Have a Transformative Effect on the Economy? [J]. Transport Policy, 2018, 62: 31 – 37.

[159] Wang L, Duan X. High-speed Rail Network Development and Winner and Loser Cities in Megaregions: The Case Study of Yangtze River Delta, China [J]. Cities, 2018, 83: 71 – 82.

[160] Wang L, Yuan F, Duan X. How High-speed Rail Service Development Influenced Commercial Land Market Dynamics: A Case Study of Jiangsu Province, China [J]. Journal of Transport Geography, 2018, 72: 248 – 257.

[161] Wber A. Theory of the Location of Industries [M]. Chicago, IL: University of Chicago Press, 1909.

[162] Wetwitoo J, Kato H. High-speed Rail and Regional Economic Produc-

tivity through Agglomeration and Network Externality: A Case study of Inter-regional Transportation in Japan [J]. Case Studies on Transport Policy, 2017, 5 (4): 549 – 559.

[163] Willigers J, van Wee B. High-speed Rail and Office Location Choices. A Stated Choice Experiment for the Netherlands [J]. Journal of Transport Geography, 2011, 19 (4): 745 – 754.

[164] Xu J, Zhang M, Zhang X, et al. How does City-cluster High-speed Rail Facilitate Regional Integration? Evidence from the Shanghai-Nanjing Corridor [J]. Cities, 2019, 85: 83 – 97.

[165] Yamamoto K. Location of Industry, Market Size, and Imperfect International Capital Mobility [J]. Regional Science and Urban Economics, 2008, 38 (5): 518 – 532.

[166] Yang H, Zhang A. Effects of High-speed Rail and Air Transport Competition on Prices, Profits and Welfare [J]. Transportation Research Part B-Methodological, 2012, 46 (10): 1322 – 1333.

[167] Yang X, Hamaguchi N. Trade Infrastructure and Firm Location under Cournot Competition [J]. The Annals of Regional Science, 2013, 50 (1): 153 – 167.

[168] Yu N, de Jong M, Storm S, et al. Spatial Spillover Effects of Transport Infrastructure: Evidence from Chinese Regions [J]. Journal of Transport Geography, 2013, 28: 56 – 66.

[169] Yu N, de Roo G, de Jong M, et al. Does the Expansion of a Motorway Network Lead to Economic Agglomeration? Evidence from China [J]. Transport Policy, 2016, 45: 218 – 227.

[170] Zeng D. Capital Mobility and Spatial Inequalities in Income and Industrial Location [J]. The Journal of Economic Inequality, 2016, 14 (1): 109 – 128.

[171] Zhang Q, Yang H, Wang Q. Impact of High-speed Rail on China's Big Three Airlines [J]. Transportation Research Part A-Policy and Practice, 2017, 98: 77 – 85.

［172］ Zheng D, Shi M. Industrial Land Policy, Firm Heterogeneity and Firm Location Choice: Evidence from China ［J］. Land Use Policy, 2018, 76: 58 – 67.

［173］ Zhou Y. Role of Institutional Quality in Determining the R&D Investment of Chinese Firms ［J］. China & World Economy, 2014, 22 (4): 60 – 82.